70歳からの世界征服

はじめに　人は死に、今生に意味はない

中田考

まず最初に確認しておきましょう。

人は必ず死に、この宇宙の中には善悪も、意味も、目的も、ありません。私たちが習う自然科学の中には、善も悪もなければ意味も目的もありません。

西欧でも、科学革命以前のアリストテレスの自然学では、目的因という概念があり、世界の動きは、神への愛により、神に似ることを目的として説明されました。近代科学は目的因を追放しました。投げた石が地面に落ちるのは重力の法則に従っているからであって、石が母なる大地を慕って落ちるわけではありません。

モノの集まりである宇宙の存在に、意味も、目的もないなら、善悪もありません。新型コロナウイルスに罹った人間が肺炎になって死んでも、新型コロナウイルスが犯罪を犯した、といって裁判を起こす人はいません。新型コロナウイルスはただ人間の細胞に入った

だけで、それを細胞が増殖させただけです。また、地震で人が死んでも、誰も地球を殺人罪で訴えようとしないのと同じことです。

これについては、ヴィトゲンシュタインの『論理哲学論考』の次の言葉がすべてを語っています。

「世界の意味は、世界の外側にあるにちがいない。世界では、すべてが、あるようにしてあり、すべてが、起きるようにして起きる。世界の中には価値は存在しない。もしも仮に価値が存在しているのなら、その価値には価値がないだろう」

この世界の中で、人が生きることにも、死ぬことにも、意味はありません。生きなければならないことも、死なければいけないこともありません。生きたから偉い、ということもなければ、死んだらダメだ、ということもありません。世界の中で良いと言われていることも、悪いと言われていることも、すべてそう言っている人の好き嫌いの話でしかありません。この人の言うことと、あの人の言うこと、みなそれぞれ違った善悪がありますが、この世のことを扱う科学には、それらを比べてどちらが正しい、と言うことはできません。結局、私はこう思う、私はこれが好きだ、これが嫌いだ、と言うことができるだけです。

私自身はこの世界には何の意味もないと思っていますが、この世界の外側にある意味を信じています。しかし本書では、世界の外側にある意味についての話はしません。世界の外側にある意味について知りたければ、間もなく刊行される『やさしい神さまのお話』(中田考・監修、中田香織・著／百万年書房)を読んでください。だから、本書では基本的に、善と悪の話はしません。どうすれば楽しめるか、気が楽になるか、といった話だけをしようと思っています。

ただ、「人間など生態系を壊し、無数の生物を滅ぼしてきたワルモノだから滅びる方が良い」という考え方は、元も子もないので取りません。一応、人類は生き延びたほうが良い、という立場でお話しします。

私たち一人ひとりはどうせいずれは死ぬのですから、どう生きようとどう死のうと人類にとってはどうでもよいことです。そう考えることが、客観的であるということです。社会について、天下国家について論ずるときは、そう考えなくてはいけません。それ以外は、世の中のことを論じているように見えても、ただ自分の趣味を語っているだけです。もちろん、自分がしたいことをしたいと言うことは何の問題もありません。いや、むしろ、誰でも自分が何をしたいのかをちゃんと自覚し、それをちゃんと言うことが、幸せになる第一歩です。いけないのは、単なる自分の趣味を、意識的にであれ無意識にであれ、善悪の問題にすり替えて、他人に押し付けることです。

大切なのは、人類が生き残ることだ、ということであれば、人間にとっていちばん正しいことは子孫を残すことです。この考え方をいちばんはっきりと述べているのが、生物学者ドーキンスの唱える、人間を遺伝子の乗り物と見なす利己的遺伝子論の進化生物学です。人間とは遺伝子であり、大切なのは100年ほどしか生きない「個体としての人間の生死」ではなく、人間に乗っている遺伝子の存続です。その意味では、いちばん良いのは、男性であれば、多くの女性と交わって多くの子どもを産ませて、自分の遺伝子を残すこと。女性であれば、たくさんの子どもを産んで自分の遺伝子をたくさん残すことです。そうであれば女性はたとえ出産の負担で早死にするとしても、たくさんの子どもを産むことが正しいことになります。10人の子どもを産んで5人が早死にし、自分も産後の肥立ちが悪くて死んだとしても、たくさんの遺伝子を残せたので大成功です。10人産んで5人死ぬような環境で生き残った5人は生命力が強そうですから、進化論的になおさら良いことになりそうです。

これが社会、天下国家を論ずる際の本書での私の前提ですが、読者一人ひとりが自分のこの世での人生を送る上でそんな風に考えろ、と言うつもりはありません。ただ、人類は当面存続していきそうだけれど、私たち個々人は遠からず必ず死ぬ、特に老人はそうだ、という事実を直視し、人類の遺伝子の存続以外に人類の目標がないことを理解し、世の中に出回っている勝手な意見に惑わされず、本当に自分がしたいことを見つけ、それを行うこと。

それこそがあるべき老後の生き方だと私は信じています。

目次

2章 老人と新型コロナウイルス

リアリティのない不安

新型コロナウイルスは事実の問題ではなく心の問題

新型コロナウイルスは老人にとって「神の恵み」?

病名をつけると病気が誕生する

長生きするのがいいという時代は終わった

老人は「ボーッとしたままにしておけ!」

長生きがよしとされる本当の理由

「北斗の拳」状態はやってくるのか?

老人に活躍の場は要らない

「長生きしなきゃいけない」という洗脳

老人に「生きがい」は要らない

オレオレ詐欺師たちよ、老人専門ユーチューバーになりなさい
現代の阿片窟
老人だからこそ政治活動を
世界征服という目標があると健康になる
養子をとって社会革命

4章

70歳からの世界征服

子どものために自分史を残したい。
人生100年時代と言われますが、何をしたらいいのかわかりません。
人はいつ老人になるのでしょう。
子どもに迷惑をかけずに早く死にたい。

アンチエイジングに限界を感じています。
何を断捨離するべきか……。
遺言書は書いたほうがいいのでしょうか。
葬儀はどうしたらいいか。
自分の死に備えて、ＳＮＳの書き込みなどはどうしたらいいでしょうか。
ペットに相続させたいのですが。
払い込みや手続きがインターネット経由になって億劫です。
老人からでも世界征服できるのでしょうか。
外見は枯れた年寄りなのに、性欲が抑えられません。
下流老人になってしまいました。生きる希望がありません。
会社に勤めていた頃の人間関係が切れた後、何をすればいいのかわからない。

Ⅰ章

死に方入門

中田考

自分磨きなんて、やめなさい

人は働いてお金をもらっている間は、自分のやっていることに意味があると思っているものです。でも、実際には、働くのは「金を稼ぐため」以上の意味はありません。

新型コロナウイルス禍で、多くの店、学校などが閉まり、公務員や大企業の職員なども在宅勤務、テレワークになり、自分がやっていた仕事がじつは不要不急、あるいはなくても誰も困らないものであったこと、さらに言うなら自分が要らない存在だったことに気づいた人も多いかと思います。

もっとも社会的には別に必要とされていなくても、たしかに結婚して、子どもをつくって育てている間は、自分は子孫を残すことで人類を存続させるという生物学的な義務を果たしているんだ、と働く意味があると自分に思いこませることもできるかもしれません。でも、子どもが独立してしまえばそれも終わりです。自分がいなくなっても、現実にはちっとも誰も困らない。自分の存在に意味なんてなかったことがはっきりする。

それで、その事実から目をそらすために、仕事をやめた後で、生きがいが欲しいといって、自分磨きと称してカルチャーセンターへ行ったりする。新品のときに役に立たなかった商品が、古くなってぼろぼろになってから手入れをしたって役に立つようになったりはしません。すでに老化してガタガタなのに、そんな自分を磨いてどうするんですか。皮膚だってぼろぼろだし、ごしごしこすれば磨かれるどころかすりきれて終わりです。体力も記憶力も落ちていく一方なんですから、いまさら磨いたってすぐに錆びつきます。

山登りしたって、ヨガやったって、美術館巡りをしたって、太極拳やったって、蕎麦を打ったって、どうせ死ぬんです。それを遅らせようとして、健康法だとか、スポーツだとかあれこれ手を出すのでしょうが、すべて無意味です。むしろ、もう失われている若さや健康にしがみつこうとする態度があさましい。

どんな宗教も、基本的に欲望を断って足るを知ることこそが心の平安をもたらすと教え、自省、節制を奨励しています。若いときは食欲も性欲もあるのは仕方ありませんが、歳を取ったら放っておいても欲望は減っていく。身体も頭も衰えていく。それでいいんです。

しかし人々が賢くなり、欲望を抑えて、自分が持っている以上のものを欲しがらず、慎ましく清廉に生きるようになっては、持っているものが粗末で時代遅れだと思わせて、次々と新しい無駄なものを売りつけることでしか立ち行かない資本主義社会は崩壊してしまいます。そういう資本主義の宣伝、というか洗脳にころりと騙され、人間の老化という自然の摂理に抗って、無理に欲望をかき立てようとするのが、いまの老人のダメなところです。しかも、世間がそれを「自分磨き」などと称して煽る。乗せる方も、乗せられる方もバカです。欲望をかき立てて、その欲望にしがみつくことのどこが自分磨きなんですか。

自分を磨いたってダメなんです。そういうエゴイスティックな欲望を捨てて、たとえば後世の人のために何かしたほうが、結果的にははるかに自分磨きになる。ボケないように語学をするとか、カルチャーセンターへ通うとか、そんなことで磨かれるものなどありません。それは所詮、自分のエゴの満足のためでしかありません。学びでもなんでもない。

いまは大学に金がないので、「生涯学習」などという名目で定年退職した人を受け入れて授業したりしていますが、本当にナンセンスです。はっきりいって迷惑。教える側にしても、若いからこそ「今はバカだけど伸びるかもしれない」と思えるから教えようという気になる。でも、老人なんて衰えていく一方だし、死ぬだけです。ただでさえ文科省のバカ疫病神どものせいで無駄な仕事が増えて研究にならないのに、そんな未来のないバカの趣味に付き合わされたのではたまったものではありません。そんな時間があるなら、少しでも自分の研究を進めることで人類の進歩に貢献したい、とまともな研究者なら思っているはずです。大学に入学して若い人の時間を奪うぐらいなら、財産は大学の研究に寄付して出家でもするほうがよほど世の中のためになります。

だいたい老人は他人の話を聞かない。聞かないというか聞けない。逆に自分の話を聞いてほしくて大学に来る。「オレはこんなに知っているんだ」とか、誰も聞いてくれないから聞いてほしくて大学に来る。迷惑きわまりありません。

家庭教師を雇いなさい

学びたいと思ったら、いちばん良いのは誰かに教えることです。教えると、自分がいかに知らないかに気づかされるし、教えるためにこちらも本気で勉強しなくてはなりませんからね。それこそが本当の学びです。ただ、自分には教えるものがないとか、教えることができない、という人もいるでしょう。実際には世の中の人のほとんどは、そういうできない人間ばかりでしょう。

そういう人間がどうするか。矢内さんは、外国語の文献を翻訳して後世に残すという話をしていますが（↓110p参照）、ほとんどの老人は頭も衰えているから、なかなかそんなことのできる人はいないでしょう。

では、どうするか。学びたいという気持ちがあるのならば、若い人を家庭教師に雇うんです。語学でもなんでも、若い大学院生あたりを雇ってお金を払って教えてもらう。お金のない大学院生はいくらでもいます。彼らの勉強をサポートすることにもなる。すぐにでもできる社会貢献です。

私自身もじつはいま、若い学生を数学の家庭教師として雇っています。微積分とか無限大の問題とか、神学に関わる分野の高度な数学を教えてもらっています。聞いてもさっぱりわからないんですけどね（笑）。

私は貧しい無職の野良博士ですので、時給3000円しか払えませんが、カルチャーセンターに通ったり、自己啓発セミナーに通ったりできる裕福な老人なら、もっと「知」に相応しい対価が払えるでしょう。近所の気の合う同好の老人が集まってお金を出し合えば1回90分で1万円ぐらい払えるかもしれません。それなら月4、5回で4、5万円になりますので、大学の非常勤講師代ぐらいにはなります。

家庭教師はいいですよ。家に来てもらえるから、こちらから出かけていく必要もない。足腰が弱くなった老人にはうってつけです。

コミュニケーションができるかどうか不安という人がいるかもしれませんが、基本的に大学院なんかに行っている学生はコミュ障なので、よけいなことは話す必要もありません。教えてもらう以外は何もしなくていい。受験勉強のように自分ががつがつ知識を得る必要もありません。試験なんてもうないんですから。

わからなくてもうんうんと聞いていて、頭の中では「私はこの若者のパトロンなんだ」「将来の学問の振興に貢献しているんだ」と思ってほくそ笑んでいればいいんです。

子育てに比べれば、かかるお金だってたかが知れています。かつての王侯貴族が宮廷に芸術家や学者を抱えていたのと同じ気分を、月3万円くらいで味わえるなら安いもんです。

キャバクラとかでちやほやされても、自分のいないところでは嫌がられているんです。そのために何十万円も使うなんてバカバカしい話です。自分は楽しくても、相手はちっとも楽しくないからお金がかかるんです。でも、家庭教師なら、相手も好きな専門の話をしているので喜んでくれますし、水商売の店で散財するよりはるかに少ないお金で、相手に本気で感謝してもらえます。

自分にボケが始まっていたって、かまうことはありません。途中で居眠りしたってかまいません。目的は若い人にお金をあげることですから。はっきり言えば、教えてもらわなくたってお金だけあげてもいいんです。

その後、その家庭教師が出世したら、「あいつは私が育てたんだ」といって世間に自慢することもできます。老人のお金の使い方としては、それがいちばん健全です。子どもが手を離れたら家庭教師を雇おう。そういう風潮が広まっていけばいいと思います。

ただし、老人が家庭教師を見つけるのは、けっこうたいへんかもしれません。いまの家庭教師って、あくまで受験勉強のためですからね。既成の家庭教師産業だと、習えるものも受験科目に限られている。そうではなくて、たとえば「70歳からの世界征服のために、国際経済の仕組みを勉強したい」とか、「兵器開発のために物理学を勉強したい」とか、「アジア統一のためにトルコ語を学びたい」「不老不死の薬を開発するために生化学を学びたい」とか、そういう需要に応えられるシステムがない。

必要なのは、そういう野心のある老人と、金はないけれど知識はある大学院生とのマッチングなんです。そういうマッチングアプリがあってもいいと思います。これはまだビジネス化されていないので、いまやれば大儲けですよ、きっと。

書生を雇ってパトロンになる

家庭教師の他に、もうひとつ、老人と若者を結びつける昔ながらの仕組みがあります。書生です。

かつては、お金はないけど勉強したいという若者は、親戚や篤志家の家に住み込んで、家事の手伝いなどをしながら勉学に励んだものです。坪内逍遥の『当世書生気質』とか、明治時代の小説などにも出てきますよね。

これで地方から出てきた貧乏学生は救われていたわけです。でも、現在ではすっかり死に絶えてしまった。核家族化が進んで家のサイズが小さくなったり、地方との経済格差がなくなってきて、学生が部屋を借りられるようになったからです。

でも、ここに来てまた若い人たちが貧乏になり、都会の家賃が高すぎて住めなくなっている。それでシェアハウスなどが増えているわけですが、一方で一軒家に老人がひとりで住んでいるというケースも増えています。子どもはいても、めったに顔を出さない。そんな使われていない子ども部屋が都内でもいっぱいあるはずです。

そういう子ども部屋を若い人に貸す。一昔前の下宿ですね。老人は家賃をとらない代わりに、身の回りの世話をしてもらったりする。持ちつ持たれつの関係です。まさに現代版の書生です。老人の方で、もしご飯を作ってあげたいというのであれば、それもいいでしょう。その代わりに、書生は老人ができない力仕事をしたり、買い物してあげたり、ちょっとした家の修理をしたりする。

子どもにいやいやながら世話されるより、互いに相手を必要としている関係で、世話してもらうほうがいいという老人もけっこういるのではないかと思います。ご近所に「こいつはオレんとこの書生でね。司法試験を目指しているんだ」と自慢すれば、パトロン気分も味わえます。

ひとり暮らしだとどうしても緊張感がなくなって、老人もテレビ漬けになってボケが進んでしまいますが、家族ではない他人が家にいるとなると、ちょっとした緊張感も生まれます。「最低限清潔にしておかないと」とか、「身ぎれいにしておかないと」という意識が生まれて、それもボケ防止になります。家に人がいると、悪徳セールスとか、オレオレ詐欺などの防止にもなります。いいことづくめの書生制度です。

今の日本にはあまり居候というのはいませんが、エジプトだと、家の中にわけのわからない人がいるのが当たり前だったりします。親族というわけでもなく、誰もその人が誰だかよく知らないけれど、一緒にご飯食べたりしている。夜も床の上で寝ていたりする。基本的にひとりになることがほとんどありません。とはいえ、私自身は人間嫌いなのでそういうのが苦痛でしたけどね。

家庭教師を雇うのも、書生を置くのも嫌な人は、スマホでゲームしていればいい。あと30年もすれば、ゲームももっと高度化して、その中にどっぷり浸かったまま生きられるようになるはずです。万歩計のアプリとかありますが、危なっかしい足取りで外に出なくたってベッドに寝転がったまま、死ぬまで歩き続けられるゲームも出てくるでしょう。

お金がなくなったら即身成仏

結局、老人にできる社会貢献は、煎じ詰めれば若い人にお金を落とすことだけです。ものごとは本質を見なければいけません。若い人のためにお金を全部使い切って死んでいく。それが老人のもっとも正しい生き方です。もし莫大な財産があるならば財団法人を作るという手もあります。自分の名前をつけた奨学金でも作れば名誉欲だって満たせます。もっとも、利子がこれだけ低いと目減りしていく一方なので、やはり家庭教師か書生でしょう。

そんなに有意義なお金の使い方があるにもかかわらず、お金を手放さない老人がどれほどいることか。100歳まで生きるには、2000万円足りないとか。そんなに貯めてどうするのかと聞くと、子どもに迷惑をかけたくないとか言う。そんなこと言ったって、その頃には子どもだってすでに70歳とか80歳になっていて、すでにその下の世代に迷惑をかける側になっている。

そうやって結局、ほとんどの老人たちがお金を使い切れずに死ぬ。遺産というのは基本的には子どもにしかいきませんから、その70歳くらいの子どもが自分の老後の資金にしてしまう。若い人には全然届かない。社会が停滞してしまうのも当然です。使い切って死ぬのがいちばんです。どうせ死ぬんだから死ぬときにゼロになるのが理想です。それには自分で死ぬ時期をコントロールできればいい。その意味では、いちばんいいのは即身成仏です。

自分から姥捨山へ行けば怖くない

日本には出羽三山などに、即身成仏したミイラがあります。即身成仏とは真言密教の思想で、仏教の修行を積むことで生きたまま大日如来と一体化して仏になる、という考え方です。この真言密教の究極の修行が、土中に埋まって飲食を絶ち瞑想したままミイラになることで肉体のまま仏になる、即身仏になる修行、生入定です。

空気穴だけ開いた地面の穴蔵の中にこもって、水と食べ物を断って、ひたすらお経を唱え続ける。あれは自殺が禁止されているキリスト教やイスラームではできないのですが、幸いにして日本なら伝統ですからね。あれがいいと思います。

ただ、即身成仏は体力がないと、ミイラになる前に腐ってしまうらしいので、歳を取りすぎた人には難しいかもしれません。まあ、腐っても本人は死んでいるのでかまわないんですけれど、アパートの部屋でやって腐ってしまうと、あとの人たちがたいへんなので、自分で山に行って、そこでやってもらえばいい。それが本当の姥捨山です。

もっとも現在では、死ぬ本人はかまわないのですが、助けると自殺幇助罪または死体損壊罪、死体遺棄罪に問われて捕まってしまう可能性があるので、他人に迷惑をかけないよう自分ひとりで死ぬのが理想です。日本の麗しい伝統を否定するとは嘆かわしい限りです。

姥捨山というと誰かに捨てられにいく形ですが、自分から進んで山に行く。そんな話をすると、残酷と言う人がいるかもしれませんが、現代の老人ホームなんて姥捨山と何が違うんですか。家族が世話できなくて厄介払いされて老人ホームに入り、そこで子どもじみたお遊戯をプログラムと称してやらされる。尊厳も何もあったものではありません。あれこそ姥捨山です。

それより自分で山に行く。仏になって衆生を救うのですから尊厳の極みというものです。まぁ、別に無理にすぐに死ななくてもいいんです。木の実を取ったり、種を蒔いて畑作って生き延びられるのならそれでもいい。そういう老人たちが集まってコミューンのように暮らしてもいいし、面倒なら穴にこもって即身仏になってもいい。死ぬのも生きるのも自由です。

基本的に、老人というのは、もうやることがなくなった人間なんです。家の存続とか、家族への引き継ぎを済ませてしまったら、じつはもうやれることはたいしてない。仕事だってやめてしまえば、職場の縁はほとんど切れます。そうなると、やることは何もないし、生きていても仕方ない。

女の人だと仲間同士で集まったりとか、歳を取ってもそれなりに忙しくしているようですが、男の人はプライドが高くて、群れるのが苦手で、孤立してしまう。するともう、何のために生きているのかわからない。仏教が生まれたインドのヒンドゥー教では、四生期といってライフサイクルを学生期、家住期、林住期、遊行期の四期に分けます。学生期とはヒンドゥー教だとベーダ聖典を学ぶわけですが、要は学校で勉強する時期です。家住期とは結婚して仕事をして家族を養う時期です。林住期とは、家族や社会的地位を捨てて森に隠棲して修行に明け暮れる時期です。最後の遊行期は煩悩を断ち切り住まいも捨てて乞食となって巡礼して歩きます。インド人たちは、永遠の自己との同一化に生きようとしたのです。

と、このようにインドでは出家して森に入ったりしていたわけですが、山国の日本だとやはり姥捨山か即身成仏でしょう。日本でも昔は、老人が仏壇の前に座って、一日中南無妙法蓮華経とか南無阿弥陀仏とか、ひたすらお題目とか念仏だけを唱えているという生活もありました。

最低限のご飯だけ食べて、最低限の排泄だけして、あとは念仏唱えて、時期が来たら家で死ぬ。じつはどんな宗教でもそれが基本なんですね。

本当はそれがいちばんなんです。

2章

老人と
新型コロナウイルス

中田考×田中真知

リアリティのない不安

――2020年4月現在、日本の新型コロナウイルスの感染者数は、アメリカやヨーロッパに比べるとずっと少ないですね。長い目で見てどうなのかはわかりませんが、そのせいか危機感はあまり感じられません。

中田 そうですね。志村けんが(3月29日に)死んだあたりから、少しリアリティが出た感じはありましたが、危機感は本当にないですね。

――新型コロナウイルスが不安をかき立てるのは、実体がよくわからないからです。感染しても発症しない人もいる。一般に行われているPCR検査もそれほど信頼性が高くない。だから症状があっても検査を受けない人もいるでしょう。

日本だけではないと思うのですが、新型コロナウイルスに罹ったと言うと差別されてしまうので、症状があっても言わないで隠している人も多いかもしれません。

中田　そうですね。国内で1万数千人が感染しているといっても、人口比からすると微々たるものでしょう。ほとんどの人はマスコミが発表する数値だけでしかリアリティがない。私の場合だと、直接の知り合いにはひとりもいません。友達の友達ぐらいになると感染者がいますが、友達の友達だと亡くなったオサーマ・ビン・ラーディンとかエルドアン大統領とかのレベルですから、あまりリアリティはないですね。といっても日本の場合、そもそも検査数は圧倒的に少ないので、感染者数1万数千人といってもまったくあてになりませんが。

こういう状況はだらだらと続きそうですね。「サイエンス」誌に掲載された論文の予想では「2022年までは社会的距離を保った方がいい」と言っていますしね。

――感染症は、ボーダレス化やグローバル化の拡大にともなって頻発しているように見えます。21世紀になって、国境を超えた移民や難民の移動が、前世紀よりいっそう盛んになった。それに重なるように、SARS、MERS、新型インフルエンザ、そして今回の新型コロナウイルスのような感染症もたびたび起こっている。
もちろん、両者が直接関係しているわけではないですが、それまで交わることのなかった異なるもの同士の出会いの機会が増えたことによって、トラブルが増えてきたという意味では似ている気がします。どちらの場合も、その拡大を抑えるために分断化や監視社会化がますます進みそうです。

中田　そのとおりだと思います。中国とアメリカの対立がいちばんはっきりしていますが、実際には協力しないと貿易できないというのもあるんだけれども、当面は分断化・監視社会化に進んでいくことは確かでしょうね。

――『サピエンス全史』を書いたユヴァル・ノア・ハラリが、こんな話を書いています。いまドイツの会社が新型コロナウイルスのワクチンの開発研究を行っているのですが、そのドイツの会社に対して、トランプ政権の方から、資金を提供するからアメリカに独占的に使う権利をよこせと言ったという。こういうグローバルな危機に対してさえも、自国の利益を最優先するようなことが行われようとしている。新型コロナウイルスという人類全体に関わる災厄でさえ、分断や支配の道具にしていく。そういう傾向がますます強まるのが懸念されるという記事でした。

中田　明らかにそうなるでしょうね。実際、アメリカと中国との間で責任の押し付け合いみたいなことが起きてるしね。どう見ても良い方に進んでいる兆候は一切ないですよね。

新型コロナウイルスは事実の問題ではなく心の問題

中田　新型コロナウイルスの死者数はこれからまだ増えるのでしょうけど、２００９年から流行の始まった新型インフルエンザも相当の死者を出していますよね。新型コロナウイルスの陰に隠れて、あまり言われていませんが、アメリカ疾病対策センターのデータによると、「昨年10月1日以降2月1日までの間に、アメリカ国内で合計２２００万〜

３１００万人がインフルエンザにかかり、来院は１０００万～１５００万件、入院件数は21万～37万人、死亡者は１万２０００～３万人となったと推定している」そうです。つづけて「アメリカでは例年１万２０００～５万６０００人がインフルエンザで死亡するとしている。２０１７年～２０１８年シーズンは悪夢のようなインフルエンザ流行に襲われ、何と６万１０００人もの死者が出た」という。

　この数値だけ見ると、われわれはすっかり忘れかけていますが、新型コロナウイルスと同じぐらい怖い病気とも言えるし、「新型コロナウイルスなど、質の悪いインフルエンザ程度の扱いで十分だ」とも言えます。

――新型インフルエンザは現在では季節性のインフルエンザとして対処されているそうですが、じつは現在まで10年以上流行が続いていると見る学者もいます。ただ、社会がそれに慣れてしまって当たり前に受容してしまっている。もはやニュースにもならないし、パニックも起きない。もちろん、新型コロナウイルスの方はまだ登場してまもないし、わからないことだらけなので不安があるのも当然だと思うんですけど。

中田　それでも、現に新型コロナウイルスより大量の死者をいまも出し続けている新型インフルエンザでは騒がないのに、新型コロナウイルスでは大騒ぎする。それは事実の問題というより心の問題という面が大きいと思いますね。騒がなければそういうものだということで済んだはずなのに、騒いだからこうなっている。だいたい、日本の公式発表（２０２０年4月1日時点）では「新型コロナウイルスでの死者は７００人以下」ですが、餅を喉につまらすなどの誤嚥による窒息死者数は年間約８千人、10倍以上です。新型コロナウイルスのバカ騒ぎは異常としか言いようがありません。

だいたい、自粛してない人間が責められるというのが、まったくわかりません。感染して死ぬ危険があっても外出したい人は出ればいいし、怖い人は出なければいい。それだけのことです。新型コロナウイルスによる外出自粛で、4月の交通事故死者数は去年の２６６人から２１３人に減っています。外に出れば交通事故で死ぬ危険はあります。死にたくない人は出なければいいだけのことです。いきなり家にトラックが突っ込んでくる可能性だってあります。それでも心配なら、核シェルターでも作ってそこにこもっていればいいのです。逆に死ぬ危険のスリルを求めてわざわざスピードを出して走る暴走族もいます。頼まれもしないのに高い山に登ったり、海にヨットで乗り出して遭難する人もいます。はた迷惑なバカどもだと思いますが、人の価値観はいろいろです。

自分が死ぬのは勝手だが、人にうつすな、という話だと言っても同じことです。たとえ感染していても、いきなり抱きついてディープキスでもしない限り、相手がマスクと手袋と眼鏡をしてこまめに手洗いをしていればうつす危険はまずないのですから、怖ければ人に無責任に自粛を押し付けるのではなく自分が用心すべきです。それでも不安なら防護服を買ってきて、着て歩けばよいのです。

そもそも感染しているかどうかもわからないのに外出自粛を強制されるいわれは誰にもありません。政府が症状のない人間は検査を受けさせないのですから仕方ありません。可能性だけで外出できないなら、新型コロナウイルスだけではありません、エボラウイルスであれ、ペスト菌であれ、あるいは未知のウイルス、病原菌でさえ、誰でも持っていないとは言い切れません。

シンプルな議論ができなくなってますね、危険を煽るバカどもに騙されてみんな感情的になっているんで。

たしかに人は死んでいますけれども、新型コロナウイルス以外のことでも人はたくさん死んでいる。それなのに世界が終わるようなことを言っている。でも、インフルエンザについてはそう捉えていない。

――インフルエンザの場合は、とりあえずワクチンがあって治療法もある程度あります。人が死んでいても、やれることがあるからそれほど脅威に感じられない。

中田　まあそうなんだけど、結局、治療法があってもワクチンがあっても死んでいる人はいるわけです。日本では毎年約140万人が死んでいます。特に新型コロナウイルスは幼児死亡率が高いインフルエンザなどとは違って、死ぬのは慢性疾患がある病人や老人がほとんどです。新型コロナウイルスに罹らなくても死ぬ確率が高い人間から死んでいるのです。そう考えると140万人のうちの数万人が新型コロナウイルスで死ぬことになったとしても、大騒ぎする必要がないことはわかるでしょう。

新型コロナウイルスについても、いずれ治療法はできるだろうけど、それでも死ぬ人は死ぬわけですよね。それはあらゆる病気について言えることです。治療法がある病気でも死ぬ人は死ぬ。治療法ができるに越したことはないけれども、それでも死ぬときは死ぬ。それは治療法のない病気も治療法のある病気も同じですよね。

――それはこの状況に慣れていく、ということですか。

中田　慣れていけばいいというか、最初から騒ぎ立てないのがいちばん良かったんです。騒いでしまった以上、それを沈静化させるべきでしょうね。治療法のあるなしにかかわらず人が死ぬのは普通のことなんです。普通のことで人はそんなに騒がないでしょう。

トルコの例ですが興味深い記事があります。外科医でガズィアンテップ前市長でもあるギュゼルベイ教授によると、ガズィアンテップとハタイに分散した難民キャンプには約80万人のシリア人が暮らしていますが、彼らの多くはコロナウイルスに感染したことに気づかないまま、1月から2月にかけ通常のインフルエンザに罹ったと思い込んでいる間に、ウイルスによる集団免疫を獲得することができたということです。

シリア人による新型コロナウイルス感染は3月以来11例しか記録されておらず、罹患者のうち9人は治療を受けた後すでに回復しており、残る2人に対しては依然として治療が行われていますが、5月9日の時点ではガズィアンテップ市では新型コロナウイルスによる死亡者はいません。最善の対策は、騒ぎ立てず何もせずに知らないうちにみんなが罹って集団免疫を獲得することです。もっとも、世界中で愚か者たちが「怖い、危険だ」と扇動したため、今となっては政府が何もしなくとも、不安を煽るメディアに使嗾《しそう》された大衆が検査を求めて病院に殺到するので、手遅れですから言っても詮無いことですが。

――沈静化して慣れていくには、どうすればいいと思いますか。

中田　まず事実を知ることが大事じゃないですか。そもそも人間が1日でどれだけ死んでいるのか。統計によると、世界ではだいたい毎日15万人くらい死んでいて、日本では3300人くらい死んでいます。自殺者で見ると、今は日本では年間2万人くらい死んでるわけですから、1日で60人近くの人が自殺している。自殺者だけとってみても、日本の新型コロナウイルスの1日の死者数よりずっと多い。要するに大したことないんです。新型コロナウイルスだけ見るんじゃなくて、視野を広げて全体のバランスの中に置き直して見てみる。それは対策でも同じです。もちろん新型コロナウイルス対策するのはかまわないんだけれども、他のところでもたくさん死んでいる事実がある。新型コロナウイルスだけに絞ると、物事がきちんと見られない。原因は何であろうと死ぬという点では、新型コロナウイルスも、他の病気も、自殺も、たいして変わらないわけです。新型コロナウイルスで死ぬことだけが特別なわけではありません。

新型コロナウイルスは老人にとって「神の恵み」？

――新型コロナウイルスの場合、重症化する人は進行がとても速い。発症して2週間くらいで死んでしまうケースもある。だから「新型コロナウイルスは恐ろしい」「悲惨だ」と言われています。たしかに感染症なので葬式にも立ち会えないとか悲惨な面はあります。一方で、ひどい痛みがずっと続いて、意識が朦朧とした状態で何年もかけて衰弱して死に至る病気と、新型コロナウイルスで重症化して意識不明になって早々に死を迎えるのとでは、どちらがいいかというのはなんとも言えませんね。脳溢血ほど突然ではないから遺言ぐらいは言えるかもしれないし、長引かないからお金もかからない。

中田　そうそう。特に老人にとってはいい死に方です。惜しまれて死ねる。早く死なないかなあとか思われなくていい。周りからも悲しむフリではなくて、本当に悲しんでもらえて死ねる。ある意味、神の恵みです。老人がどんどん外出して感染して早々に死んでいけば、老人問題の解決にもつながります、と言いたいところですが、新型コロナウイルスは致死率が低く0・3%ぐらい、最大に見積もっても3%ほどと低すぎるので、残念ながら焼け石に水で老人問題を解決できるほどの威力はありません。

過去に流行したペストやコレラでは抵抗力の弱い子どもがたくさん死んでます。それは深刻な社会問題だったでしょうが、新型コロナウイルスだと子どもや若い人の死亡率はさらにぐんと下がりますよね。老人の方が圧倒的に死亡率が高い。ある意味ちょうどいい感じで死ねる。実際、新型コロナウイルスが江戸時代に流行っていたら、外に出て騒いで

「これで死ぬんだ」とか言い出す老人たちもたくさんいたんじゃないですかね。

――将来的にはわかりませんが、しばらくは新型コロナウイルスで死んだというのは世間からすれば、悲劇の犠牲になったという見方をされていくでしょうね。自業自得ではなく犠牲になった。だから周りも悲しみますね。

中田　それなのに、みんなにうつしてやると言って暴れる年寄りがいたりする。マスクを買うために列に並んだり、騒ぎ立てているのも老人が多い。長い間生きてきてそんな歳の取り方しかできなかったクズどもはさっさと死ね、と思いますね。それと、嫌なのは、公園でみんなで集まっていたりすると、それをつるしあげたりするやつ。忖度と自粛で動いている日本の社会の体質ですね。

――いわゆる「自粛警察」ですね。

中田　ツイッターのタイムラインを見ていると、隣の県のパチンコ屋に行ったりしている人がいる。それを良くないといってつるしあげているけど、世の中には別に「死んだってかまわない」と思ってる人間もいるんですよね。本当に「うつされたくない」「死にたくない」と思っているのなら、その人たちは家にいるでしょう。外に出ているのは、別に死んでもいいと思っているからです。そういう人はたとえ感染して死んだって仕方ありません。若い人たちが外で騒いで、それがもとで外を歩き回っている老人が死んだとしても、誰にも責任はありません。

――ただ、老人にとっては死ぬチャンスかもしれないけれど、老人が若い人に接触して広めてしまうのはまずいのでは。

中田　若い人たちは基本的に抵抗力があるから感染しても老人よりリスクは低いと言われていますよね。治療法がないのだから、若い人は早く罹って免疫を得るという考え方もある。同じ条件ならば老人の方が感染しやすいし、死ぬリスクも高いのだから、死んでもかまわないのであればどんどん外に出ればいい。「老人は死ねばいい」と言ってるわけではなくて、「死にたくなければ家にこもってろ」ということです。退職した老人なんか外に出る必要はほとんどないわけだから、若い人の楽しみまで奪うなってことですよね。ただ若い人がそういうこと言うと炎上するので、私みたいな老人が言っているんです。

——新型コロナウイルスがどのように始まって、どのように落ち着いていくか、いろんなことが言われていますよね。「日本の感染者数や死亡者数が比較的少ないのは、すでに自然感染して集団免疫を獲得している人がいるからじゃないか」と、根拠はないのですが、言われています。全人口の6割が罹ると集団免疫ができると言われていますね。

中田　ワクチンが出てくるより、そっちの方が早いかもしれないですね。どんな病気でもそうだけど、ワクチンができたって100％罹らないということはないからね。免疫ができても、2回、3回と罹る人もいる。それでも、そのうちおさまっていく。

――あれは新しく罹るというよりは、いったんウイルスの数が減って症状が現れなくなったのが、本人の免疫力が落ちることでもう一回増殖して、症状が再び現れるということらしいです。おき火になっていたのが、風が吹いてまた燃え上がるみたいな。

中田　そうなんだ。

――インフルエンザウイルスって変異しやすい性質を持っていると言われますが、新型コロナウイルスもインフルエンザほどではないけれど変異しやすいと言いますね。世代を重ねれば重ねるほど変異も起こりやすくなる。だから医療体制が十分でなくて、人口密度が高いアフリカのようなところだと、感染が次々と起きて、変異も一気に進んでしまうリスクがあると言いますね。そうなると老人だけでなく若い人や幼児も犠牲になっていくような事態も起こりかねない。

中田　でも、それって普通のことでしょう。たいていの感染症は体力のない赤ちゃんの方が罹りやすい。さっきも言ったけど、インフルエンザだとそれが当たり前になっているから騒がれない。だから可視化されない。アメリカで1万人死んだとしても、人口は3億人いますから、割合としてはそれほど多くない。普通のことなんです。周りが騒がないと、大した話にならない。騒ぐものだから、世界中の飛行機が止まってしまって、日本も渡航自粛になってしまった。でも、そういう行動に出ることのほうが明らかに普通じゃない、おかしなことなんです。

病名をつけると病気が誕生する

——イスラームでは感染症についてどう言っているんですか。全身が黒くなって死ぬペストのように見るからに恐ろしい感染症と、今回の新型コロナウイルスを同一視するのはちょっと違う、というのはありますか?

中田　そうですね。これはイスラームでも「疫病はアッラーが彼のしもべたちの一部を試す天罰である。それゆえもし疫病のニュースを聞いたなら、そこには行ってはならない。もしあなたがいるところにそれが発生したらそこから逃れてはならない」という預言者ムハンマドの言葉が伝えられています。

疫病が流行った場合、そこにいた人間はそこから出てはいけないし、そこに旅してもいけない。基本的には隔離の話ですね。でも、ここで「疫病」と訳したアラビア語の「ターウーン」は、ネズミなどによってうつる腋や関節などに腫瘍ができる病気と言いますので、たぶん腺ペストですね。預言者ムハンマドの時代だったら、おそらく新型コロナウイルス程度のものだったら、あえて疫病とは言わなかったでしょうね。

――疫病とすら言わなかった?

中田 わざわざ言うほどのものじゃないよね。昔だったらペストはもちろん、コレラでも、みんなバタバタと悲惨な感じで死んでいったんですよね。それに比べると新型コロナウイルスって、ただの風邪以上のものではないよね。たぶんアフリカだって、何も言われなかったら気づかなかったでしょう。今年の風邪ひどかったよねという感じで済んでしまったかもしれない。

――たしかに、エボラ出血熱のように出血したり、強烈な感染力や毒性があるわけではないですからね。人々がそれを風邪のひどいやつという文脈の中に位置づけて、あまり騒がなければ、普通のインフルエンザで人が死ぬのと同じくらいのレベルで受容されていったかもしれないですね。「ああ、またあの人コロナだよ」みたいな感じで。

中田 そもそも新型コロナとか呼ばないで、「悪性の風邪」でいいでしょ。

――名前をつけると、人はそれを特別な枠組みで捉えるようになりますからね。病名をつけることで病気が誕生する。

中田 そもそもコロナウイルス肺炎と言っている人もいるけれども、肺炎自体は症状ですよね。別に特別な病気ではない。日本では肺炎で年間9万5000人ぐらい死んでおり、誤嚥性肺炎で死ぬ4万人弱を合わせると13万人を超え、日本人の死因の第3位になります。新型コロナウイルス自体も今までもあった風邪の一種ですよね。われわれのような素人は名前をつけられると騙されますけど、ひどい肺炎という認識に改めないといけない。そういう事実認識ができないと話ができない。基本はそういう話です。ウイルス自体は誰の陰謀でもない。それなのになぜか世界中で大騒ぎして、飛行機の運航まで止まってしまうという事態が起きてしまった。新型コロナウイルスが流行すること自体は自然なことだったのに、それで都市が封鎖されたりという事態に至ったのは、明らかに人為的な力が働いているわけです。

それには情報化とかいろんなことが関わっていると思います。たとえばアメリカを見ると、トランプ大統領のもとに膨大な情報が集まってるわけです。それこそ正しいものも、いい加減なものも含めて大量の情報が殺到する。だからこそ、その解釈にはバランス感覚が問われるのに、結局それだけの情報を手にしていながら、「中国が新型コロナウイルスを作った」とかおかしなことを言い出す。

長生きするのがいいという時代は終わった

中田　大量の情報があればあるほど、それを全体的に正しく理解するかということが問われるわけですよね。それができないからこういうことになる。視野を広げてバランス感覚を取り戻していくということが必要な気がします。

そのことで言うと、私は嫌いなんだけど、マスコミでしょっちゅう取り上げられていた北欧の環境活動家の子どもがいましたね。

――グレタ・トゥーンベリさん。

中田　そうそう。彼女が主張していたような問題は、今回の新型コロナウイルスで一挙に解決してしまった気がしますよね。私自身は、いまの世界で地球温暖化現象自体は大した問題ではないと思っています。それより深刻なのは、エネルギー消費が多すぎることです。

人口が多すぎて、エネルギーも食料ももたない。だったら、どうしたらよいか。非常に単純な話で人口を減らすことです。それもひとり当たりのエネルギー消費の多い先進国の人口を減らす。これがいちばんいいわけです。

人類史的に考えても、老人から死んでいってもらうのがいちばんいい。子どもだけが死んでいったり、子どもと老人が同じ割合で死んでいくと、早く世界が滅びてしまう。でも、たとえば新型コロナウイルスに罹ると60歳以上の人たちが100％死ぬということになっても全然困らない。私もこの本が出版される頃には60歳です。死んでも誰も困りません。14世紀のペストの流行では当時の世界の人口約4億5000万人のうち、約1億人が死んだとも言われています。医学も発達しておらず、人口が4億5000万人しかいなかった当時でさえ、致死率が90％にも達するペストの大流行にも人類は生き延びたのです。また1918年から1919年にかけて流行ったスペイン風邪では、当時の人口20億人ほどのうち5億人ほどが感染し、数千万人が死んだと言われますが、その後も世界の人口は増え続けており、大きな問題は生じておりません。人類の人口が70億人にも達しようとする現代において、致死率も感染率もたいしたことのない新型コロナウイルス程度の病気が流行っても、人類の存続というレベルではまったく問題にするに足りない、という客観的な認識をまず持つべきです。そのうえで、60歳以上の地球上の人口がどのくらいかわかりませんが、仮に10億人だとして、そういう老人たちが全員死んで、若い人だけになったとしても何も困らないし、むしろその方がいいことかもしれない。基本的にはそういう認識にならなくちゃいけないと思います。

長生きするのがいいという時代は終わったんですよ。特に先進国の老人はいない方がいいという認識を持つべきです。自主的にエネルギー消費を減らすことができないのであれば、老人は早く死んだ方がいい。もう長生きした者が偉いという時代ではない。それなのに、日本の書店には老人の自慢話みたいな本がたくさんある。

——老人は早く死んでいく方がいいというのは、地球や自然のバランスの中で、のちの世代の人たちが健全に、自由に生きていけるために、ということですね。

中田　そういうことです。人類こそ地球の敵だから、人類は滅んだほうがいいという考え方もありますが、一応「人類は滅びない方がいい」という前提は否定せずに考えた場合、老人には生きている価値はないというか、先進国の老人は生きているだけで邪魔なんだという認識は持ったほうがいい。もちろん、客観的にそうだからといって自分ができるかどうかは別の話です。それでもまず、感情を交じえないで客観的な認識を持つことは大事です。事実を見るということですね。

本当は老人は早く死んだ方がいい。少なくとも長生きした方がいいという認識は外す。だから、死んでもいいやと思っている人間まで無理やり長生きさせようとすることは絶対にやめさせるべきですね。

マスクもせずにフラフラ歩いている老人はたんに何も考えていないわけですよね。死んでもいいと思っている人もいるでしょう。それなのに、そういう人間に「生きがいを持つべきだ」とか「頑張れ」的なことを言うのは愚かです。「死んでしまうから家にいろ」などと言って危機意識を持たせ、「おとなしくして長生きしましょうね、お爺さん」なんて、心にもないこと言うなと思いますけどね。

老人は「ボーッとしたままにしておけ!」

中田 イタリアのカトリックの神父が、人工呼吸器が足りなくて「私のぶんは若い人に回す」と言って治療を拒否したニュースがありましたね。理にかなった行為だと思います。命の選別は良くないと言いますが、現実としてベッドも医療スタッフも医療機器もまったく足りていないとなれば、人工呼吸器は年寄りに使わない、病院のベッドも60歳以上は使っちゃいけないとか、そういう風にした方がいい。本来、若い人に優先的に生き延びる機会を与えるべきでしょう。病院までやってきた人間は断りにくいから仕方ないかもしれませんが、その辺でぼんやり生きている人たちは放っておけばいいんですよ。

——「ボーッと生きてんじゃねえよ!」じゃなくて、「ボーッとしたままにしておけ!」というわけですね。

中田　そうそう、ボーッとパチンコしている老人たちのほうがじつは正しいんです。ボーッとして何もせずさっさと死んでくれた方が世の中の役に立つ。価値観の逆転が起こっているんです。新型コロナウイルス騒動が起きる前は、「ひきこもりは良くない」「社会に出なくてはいけない」「ひきこもりは生きづらい人たち」とか差別的に扱われていたのに、コロナ騒動が始まったら、ひきこもれる人のほうが生きやすくなって、ひきこもれない人の方がストレスを感じている。

次はさらに一歩進んで、ボーッとしたまま外を出歩いて、感染したことにも気づかず、気がついたときには手遅れで死んでしまう。こういう老人たちこそがいちばん素晴らしいんだ、という価値観に世の中が到達するべきですね。

――「人間は長生きしなきゃいけない」という考え方は、西洋近代化の中で出てきた発想でしょうね。先住民の中には、生きることに対する執着がそんなに強くないといわれる人たちもいます。ヘヤー・インディアンの社会を調査された文化人類学者の原ひろ子さんの本を読むと、彼らはちょっとしたことで生きることへの意欲を失ってあっさり死んでいくそうです。生きることに対して過剰な価値を見いださない。

中田　そう思いますね。もちろん昔から、たとえ老人にしても「生きたい」という思いはあったでしょう。でも「生きなきゃいけない」という発想はなかったと思いますね。生きたいのだけれども、死んでもらわないと困るとなったら、それを受け入れたんじゃないですかね。

——それは科学の進歩と関係あるのでしょうかね。医学の発達で長生きが可能になってしまったことで、人間の意識に「生きなきゃいけないんだ」という枠組みが組み込まれたというのはないですか。

中田　それはない気がするけどね。むしろ全体主義というか、生きなきゃいけないという価値観を持った人間が支配的になって、それと同じ価値観を持たないと安心できないという風になってしまったからではないかな。本音では生きたくない人間もたくさんいるわけですよ。宗教系の人の中にもいるし、死ぬかもしれないという一瞬のスリルを楽しんでいる人間だっています。

――いますねえ。

中田　暴走族とかそうですよね、ヒリヒリしたいとか。「何考えてるんだバカ」とか思うんだけれども、本人はそうしないと生きている感じがしないと言いますよね。でも、死ぬかもしれないような危険なことをしたからといって、それが死をリアルに感じていることにはなりません。生きている以上、死は想像上のものでしかないからです。「オレは死を恐れない」といっても別に達観しているわけではなく、たんにそこまで考えていないというだけのことです。動物だって死を恐れていませんからね。パチンコ屋に並んでいる老人が、自分は死を恐れないと言うのとたいして変わりません。

――死を過剰に恐れて、だから生きなくてはならない、長生きしなくてはならないと思うのは近代の洗脳なんでしょうね。逆に暴走族とかパチンコ屋に並ぶ老人のほうが洗脳されていない。まあ、暴走族はもう絶滅寸前ですけど。

中田　そうなんだよね。実際かなりひどい病気だと、もはやあまり死を恐れなくなる。というのは、死よりも痛みとかの方がつらくなったりするでしょう。とりあえずこの痛みをなんとかしてほしい、むしろ早く死んでラクになりたい、みたいなことがありますよね。

——新型コロナウイルスの場合には、末期ガンのような、モルヒネで抑えなければいけない慢性的な痛みというわけではなさそうですね。でも、肺炎は苦しそうですけど。

中田　肺炎は新型コロナウイルスでなくとも、なんだって苦しいんだろうけれど、そんなに長引くわけではない。集中治療室に入れなければすぐ死んじゃうからね。

長生きがよしとされる本当の理由

中田　資本主義の考え方の基本は、人間は元気で生きて、どんどん働いてどんどんモノを作ってどんどん消費していくというものです。人口が少なくなるとモノが売れないから、なるべく大勢の人が生きている方がいい。老人はお荷物とか言われていますけれど、じつは老人も資本主義を回す上では役に立っている。

どういうことかと言うと、国家は景気を刺激するために地方にお金をばらまいていますよね。その際、いまいちばん需要があって、お金が下りやすいのが老人医療です。老人医療は人手が必要なので、どうしても人を雇わなくてはならない。つまり雇用を生み出すんです。その雇用発生のために、老人が必要とされる。実際はお金を回すのが目的なので、老人自体は要らないんですけど、老人がいることで地方までお金が回るという仕組みができている。

――要するに、経済を回して借金を増やす口実のために老人が必要とされるということですね。介護職の報酬は安いけど、社会福祉法人は莫大な率の補助金がつけられて、利益率は上場企業並に高い水準だと言いますね。でも、それを続けていくと国の借金がかさんで、保険料もどんどん上がっていくことになりますよね。

中田 そうそう。長期的に見ると明らかにおかしい。でも、経済を短期的に見るとそれが地方に雇用を作るのにいちばん手っ取り早いんです。つまり、長生きする老人が増えると儲かる人間がいっぱいいるわけです。医者もそうですね。いまの国家というのは福祉がないと成り立たないんです。

――老人たちは雇用を創出しているわけですね。そういう仕組みがあるので、老人側も「長生きすることはいい」みたいな価値観が自然なものとして社会に受け入れられているというのがあるんでしょうね。ただその創出される雇用が、ときに過酷な割に報酬が低くて、若者を食い物にするようなものだったりする。

中田　そうなんです。それと同じ構造が世界レベルでも行われている。第三世界に対して雇用を生むために、お金や資源やエネルギーをつぎ込んで、必要もないものを作ったり、事業を行ったりするんだけれど、それでかえって若い人たちが貧困に追いやられたりする。

――その仕組みを変えないと「長生きするのは良いことだ」という哲学はなくならない。長生きがお金につながるから、新型コロナウイルスのように老人が狙われる病気の蔓延が問題になる、ということですか。

中田　そういうことですね。

「北斗の拳」状態はやってくるのか？

――中田さんの話は、過激なように聞こえて、じつはいま流行りのSDGs（持続可能な開発目標）にも通じるエコロジカルな発想なんですね。とりあえず、人類はまだ存続していく方向で考えようという前提に立った場合、人口の増えすぎとエネルギーや資源の大量消費は、その可能性を明らかに危うくしている。そこで、この地上で人間とウイルスや細菌も含めた自然が長期的に共存しながら生きていくにはどうしたらいいのか？　という、きわめて常識的でまっとうなアプローチですよね。

中田　本当は共存もせずに死んでしまうのがいちばんいいんですけどね。要するに、無理のあるいまの世相が自壊しつつあることが、新型コロナウイルスによってますますはっきりしてきたという感じがしますね。新型コロナウイルス自体は大した災厄ではないけれど、世界中が巻き込まれてしまった。

ヨーロッパとかアメリカは、最初は新型コロナウイルスなんてアジアだけのものだと思っていて、のほほんとしていたわけです。アジアの未開な連中たちが勝手に死ねばいい、自分たちは関係ないと思っていた。ところが自分たちのほうが感染流行の最前線になってしまった。これは慌てますよね。

――自分たちの脆弱性が暴かれてしまった。

中田　そうです。新型コロナウイルスに限りませんが、欧米の先進国は、その中だけ見ればかなり平等で豊かな社会を築いてきたわけです。もちろんその内部には貧富をはじめ、さまざまな格差はあるにしても、建前上は「人権」とか「平等」「自由」みたいなことを言ってきた。ところが、移民が増え、中国やアジア、アフリカの国々が豊かになってきて、今までのような社会を維持していくことが難しくなって、特にシリア難民が大量にヨーロッパに流入してきたことによって、その建前がどんどん崩れていったわけです。その動きがコロナショックでさらに加速されたという気がしますね。

――トランプが大統領になったとき、まさにそういう状況が表面化してきたと『みんなちがって、みんなダメ』（中田考・著／ＫＫベストセラーズ／２０１８年）の中でも言ってましたよね。

中田　そうそう。アメリカだけでなく世界中がどこも国内の格差を覆い隠せなくなって、「平等」や「自由」といった幻想がすっかり剥げ落ちている。アメリカではコロナショックがきっかけで銃の売上が伸びたというし、ヨーロッパでも生活に困った人たちが閉めている店を襲ったというニュースがあった。現実としてじわじわと「北斗の拳」状態に向かっていくでしょうね。

――それに比べると日本は感染者数がアメリカやヨーロッパほど伸びないせいもあってか、そこまで深刻な感じはないですね。ネットで「アメリカ人は銃を欲しがるけど、日本人はマスクを欲しがる」と揶揄されていました。

中田　日本では銃は買えないしね。たしかに日本はロックダウンしなかったから、スーパーやコンビニは開いているし、食べるものもある。それでも、この状態が続いたことで経済はかなりダメージを受けているのは間違いないので、これからみんなお金がなくなっていくでしょう。そうなるとマスクどころではなく食糧の買い占めで米騒動が起きたりする可能性も当然ある。『13歳からの世界征服』（中田考・著／百万年書房／2019年）で「日本には本当の貧しさはない。本当にお腹が空いて死にそうだったら、スーパーで食べ物を盗んで食べて生き延びることもできる」という話をしましたが、それができなくなる事態だって考えられます。

――そうなる前に、世界中がそういう状態になって、最終的に日本もそうなるという感じですか。

中田　獰猛な肉食人種のヨーロッパ人なら、騙して奪い取るとか、殺して奪い取るという状況になりやすいと思います。観光立国は観光客が来なくなって潰れる。そうすると隣の国に攻めていく。医療施設も十分でない貧しい国で、新型コロナウイルスの伝染が収まらなければ、周囲の国から隔離され、人とモノの流れを遮断されて、経済が破綻してしまいます。そうすればパニックに陥った国民が国境に押し寄せ、暴動になることもあります。貧しい国の軍隊では、下級の兵隊は徴兵でもともとろくな給料ももらっていませんから、兵隊が暴徒化して隣国に攻め入ることだって起こりえます。もともと犯罪国家のアメリカなんか、何をしてもおかしくありません。食べ物がない状況というのは人を変えますからね。夢物語ではないと思います。最終的に日本もそうなるかもしれませんが、日本人はおとなしいので静かに餓死する人間も多いでしょうね。

——戦国時代ですね。

中田　貧しい者たちが物資を求めて戦争するというのは、昔からありましたからね。今まではは一応、国家という枠組みを作って、その中では全体として平和な世界という幻想を作ってきたわけですけれども、それが守れなくなってきた。あとは世代交代ですね。「アラブの春」あたりから、世代交代を背景とした対立が表面化してきた。それまでは革命が起きるのは貧富の差ということで説明されることが多かったんですが、「アラブの春」では年寄りの支配はもう嫌だ、ということになったんですね。だいたい30年40年やっている独裁者たちだらけでしたから。これも高齢化社会の問題ですよね。

老人に活躍の場は要らない

――アラブにはもともと高齢者を尊敬するという文化はあったんですよね。

中田　もちろんありました。というか、そんなに寿命も長くなかったから、60歳くらいになると普通は死んでいたので問題にならなかった。それが寿命が伸びて、支配者層の高齢者がいつまでも居座るようになった。富も権力もすべて年寄りが握って、独裁しているわけです。それに対する不満が「アラブの春」につながったのは明らかです。

もちろん、歴史を見れば多くの独裁者がいたんですが、独裁と言っても今みたいな全体主義ではなかったし、独裁であろうとなかろうと民衆の暮らしにはあまり関係なかったんです。それに現代に比べると、生き延びるだけでも厳しい世界だったので、歳を取って肉体的に衰えると力が保てなくなる。遊牧民なんてそうですね。体力がなくなると民を率いることができないから、若者に取って代わられる。そうやって否応なく次の世代になっていったから、あまり滞ることもなかったんです。

――それが近代になることによって、体力や能力が衰えても、老人が居座るようになってしまった。

中田 そういうことです。いまは世代交代の問題と貧富の問題が二重になっていますね。特にアメリカがそう。若者の反乱と貧困層の反逆が重なっている。食べ物がなくなって人々が暴徒化し、そこにコロナのような感染症で死ぬというのが重なれば、それは暴動になりますよ。解決するには、やはり老人が死に絶えて人口が減るのがいいんだけれども、それは難しい。そうするともう少し公正な分配のシステムを作るしかないですよね。

――具体的にはどういうことですか。

中田 年寄りから富を奪って、若い人に回していく。それにはまず老人保護をやめるべきです。国による医療や保険の負担を減らすなりして、いろんな老人優先策をなくしていくことですね。

――それは「老人に活躍の場を見つけよう」と言っている昨今の風潮とは逆行しますね。

中田　活躍したっていいんですけど、金はやる必要はありません。勝手に活躍するのはいいんだけれど……それでも邪魔だけどね。国家は民間に関してはあまりコントロールできないから、少なくとも公務員はかなり早い時期から給料を下げていく。政府は年金の支給年齢を遅らせてその分働けとか、むしろ40歳くらいで昇給を止めてしまう。

――40歳で止まってしまうと、これから子どもにお金かかる時期だから、もうちょっと先のほうがいい気もするんですけど。

中田　逆です。そんなことやってるから結婚が遅れるわけです。

――ああ、なるほど、そしてさっさと子育てを終えてしまうと。

中田 そう、できれば学生のうちに結婚して、40歳くらいになる頃には子育てが終わっている。そういう人生計画です。

「長生きしなきゃいけない」という洗脳

中田 40歳でも、ものすごく有能な人間なら昇給も仕方ないけれども、基本的には一律で給料が上がっていくのは40歳までで十分です。子どもを持たないのであれば、もっと早く昇給をストップしてもいい。人間の価値は歳を取れば取るほど、どんどん下がっていくわけですから。

――価値が下がった後でも、これだけ医療が進歩してしまうと、人間は否応なく長生きする身体を持ってしまっているじゃないですか。

中田　だからいま言ったように、少なくとも老人に対する優遇措置は外して、なるべく早く死んでもらうようにする。老人と若者がいれば、権利は若者に回す。

――それには、老人が政治の場に入っちゃまずいわけですよね。でも、今みたいに老人が多いとなると、どうしても多数決で老人が主流を占めて、自分たちに都合のいい環境づくりをすると思うんですけど。

中田　本当の意味での普通選挙にしてしまうといいんですよ。年齢制限を設けず、死人も赤ちゃんも含めて全員に選挙権を与える。そうすれば、なんとかなると思います。老人から奪うよりは抵抗も少ない気がするけどね。そうやってなるべく早く死んでもらう環境づくりを行う。

それほど恐ろしい話ではありません。パチンコ屋に朝から並んでいる老人とか、タバコをやめない老人とか、健康や長生きなんて考えてない人たちもたくさんいる。そういう人たちは別に悔いはないと思いますよ。もちろん長生きしたい老人もいるでしょう。その人たちは勝手に健康管理すればいいんですよ。長生きするのが良いなんて価値観を押し付けるのはやめたほうがいい。

――「長生きするのは良いこと」という価値観があることによって、いまの資本主義はそこからメリットを得ているということですね。それに老人たちも洗脳されて、ほんとは健康にそんなに興味がないのだけれども、「健康に興味を持つのはいいことだ」「長生きこそ生きがいだ」と思い込まされている。だから、そういう価値観に沿った老人生きがい本がたくさん出ているのでしょうね。

中田 この本も、そういう本だと思って手に取る人がいるでしょう（笑）。「もう一花咲かせよう」とか思って、この本を手に取ったら「早く死になさい」と書いてあって投げ出されそうです。

――「長生きしなきゃいけない」という発想はたしかに普遍的ではないですね。へヤー・インディアンのように、生きることへの過剰な執着を持たない人たちもいるし、アフリカの伝統社会の中には、長老になると政治や世俗的なことは若い世代に任せて、さっさと引退してしまったりするところもある。長老といっても、それこそ40歳くらいですから、さっきの中田さんの言っていた「40歳で昇給停止」というのに近いかもしれないですね。それも寿命が延びたことで変化しているとは思いますが。

中田　そうなんですよね。伝統社会ではみんな歳を取ると欲望を捨てて、たとえば山にこもっておとなしくしたりとか、それに近い話になるんです。医療崩壊になるのは老人が病院に押しかけるからですよね。老人になれば、身体にガタは来るし暇だから、保険で老人なら安くかかれるとなれば、そりゃ病院に行こうという話になるのは自然です。

老人たちが病院の待合室に集まって噂話しているとき、誰かが「最近あの人見ないけど、どうしたんだろう」と話したら、別の人が「きっとどこか悪いんだよ」と言ったというジョークがありますよね。そうやって、たいして悪いところがなくても病院に来て薬をもらって帰る。老人は安心するし、病院は薬を出せば儲かる。そうやって資本主義が老人を取り込んでいる。その仕組みを維持するためには「長生きは良いことだ」という価値観があった方がいいわけです。

——でも、老人に対する優遇措置をなくすとなると、老人の反発が予想されませんか。

中田 どうだろうね、あまり起きないと思うけどね。実際に日本で反対活動したって何もできないんで。アメリカやヨーロッパだと、日本よりも若者が元気だから、老人が何か言っても本気で喧嘩したら若者にはかなわない。でも、たしかに日本の若者はおとなしいから、これまでも老人のいいようにされてしまってきた。だから、われわれぐらいはこういうことを言わないといけないわけですよ。

老人に「生きがい」は要らない

——いま巷に出ている老人生きがい本って、ほとんどある意味での「成功者」たちの本ですよね。経済的成功だけでなく、自分の好きな生き方を実現できている人たち。そういう人たちの主張って、結論だけを引っ張ってくると、中田さんの言うこととわりと共通点もある。「お金は若い人のために使いなさい」とか、「ただ生きてるだけの人生に意味はない」とか「若い人に投資して、自分は一歩引いて生きなさい」とか。でも、本人はしっかりと十分な富を確保していたりするんですけどね。

中田　そういう嘘八百をいけしゃあしゃあと言える人間じゃないと出世しないんだろうけどね。

――そういう人たちって、生きがいや趣味も楽しんでいるけれど、一方で競争社会で生き抜くのに必要なスキルもちゃんと持っている。要するに能力の高い人たちだと思うんです。でも、ああいう本を歓迎する人たちというのは、生きがいも健康のこともあまり考えずに生きてきたけれど、内心「このままではいけない」と感じている人たちでしょう。つまり「生きがいがなくてはいけない」「健康に生きなくてはいけない」という価値観に洗脳されていて、いまの生活の延長の「老後」を受け入れられなくなっている。

中田　そうですね。

――でも、一方でそんなことを気にしない老人たちもいる。自分のことも、健康のこともたいして気にせず、新型コロナウイルス騒動の最中にもパチンコ屋の列にボーッと並んでいられるタイプというか。

この本は、いわば、この二通りのタイプの人たちに対して「ボーッとしていていいんだよ、生きがいも健康も気にしなくていいんだよ」というものですね。もっとも、後者のタイプは最初からこの本は手に取らないとは思いますが……。

中田　そうですね。前者のタイプだって、これまでダメだった人たちですからね。これまでできなかった人間が、今から何かできるわけない。若いときに活躍していたのなら老人になっても活躍できるだろうとなるわけで、若いときに活躍しなかったら老人になってから何かできるわけない。若い人であれば、まだこれからどう化けるかわからないという期待も持てる。でも老人はそれまで50年も60年もそうやって生きてきたわけでしょう。もう今さら変わりませんよ。

――そうなると老人生きがい本なんてものは、ほとんど意味がないわけですか？

中田 ないない、あるわけがない。大事なのは、どうやっておとなしく死んでいくかです。テレビがこの先どうなるかわかりませんが、70歳、80歳になったとき、少なくとも、おとなしくぼんやりテレビくらいは観ていられるようになれればいい。

世代にもよりますが、いまの私くらいがテレビ、アニメの第一世代です。子どもの頃にリアルタイムで『鉄腕アトム』とか『鉄人28号』とか『エイトマン』とかを観ている世代。これは教養です。ただ、そこから先は、ハタチになっても観続けていた人たちと、そうでない層に分かれる。観続けていた層が、いわゆるオタクですね。

今は、スマホ1台あれば、そういう子どものときに観ていたテレビだって観られますからね。パチンコよりはるかにお金もかからない。そういうのを観ていれば、下手すると鎮痛剤代わりになって、たいていの痛みも忘れられます。

――本当に痛いガンの疼痛とかには、たぶん無理だと思いますよ。

中田　でも、かなりのところまで忘れられるよね。刺激の強いゲームをやっていると腹痛なんかも一瞬は忘れられるからね。極端な話ですが、それに特化したものを作ればいい。身体の調子は悪いけどやめられないとなったら、病院にも行かずスマホ見ていてやりすごしているうちに死んでしまう。そうすれば医療費もかからない。何もできない人たちは、そっちの方がいいんですよ。

――といっても、老人って、それぞれ違う人生を歩んできているから、若い人と違ってばらつきがものすごくある。たとえば60歳であっても、すごく若く見える人もいれば、80歳くらいに見える人もいる。嗜好や考え方もバラバラですよね。そういう人たちが、みな

1台のスマホでおとなしくできるかどうか。
たとえば、私の通っている太極拳の教室には高齢の女性が多いんですが、見ているとやはり人と会って話すのが好きなんですよね。週に1回集まって、ペチャクチャ喋って、ご飯行こうという感じ。ひとりでスマホというタイプは、あまりいませんね。

中田 太極拳やってる人たちって元気なんだよね。

――そうですね。元気でゆとりのある人たちだから、そういうところに来られるんだとは思いますけどね。でも、聞いてみると、心臓にペースメーカーが入っていたり、何度もガンになっていたりとか、過去に大病している人も多いんですよ。だから、いつ死んでもいいと思っていて、逆に吹っ切れて、そこに通ってきて遊んでいる印象もありますね。新型コロナウイルス騒ぎが起きても、怖がったり、気にしているというのはあまりなかったですね。

中田　そういう人たちには良い死に場所を与えてあげたほうがいいよね。コロナって良い死に場所ですね。

――長患いして痛みを我慢し続ける、というのはなさそうですからね。

中田　そうなんだよね。基本的には生きがいというより、死に場所、死にがいが大事ですね。どうやって死ぬか、です。遊んで生きて適当に死ぬ、というのがいちばんいい。いわゆる酔生夢死です。

人生は死ぬまでの暇つぶし

――話は戻りますが、若い人への貢献に限らず、老人の日々の過ごし方の参考になりそうなものはありますか。

中田　オーソドックスな手段は、伝統宗教ですかね。私はあまり好きではないけれども、少なくとも新興宗教よりいいですね。日本では昔なら「一生に一度はお伊勢参り」と言われていました。今はお伊勢参りをする人はあまりいませんが、四国巡礼、お遍路さんはけっこう人気みたいですね。香川県に行くと、ついでにうどんの食べ歩きもできますし。

——イスラームの世界では、伝統的に老人はこう振る舞うのがいいというのは、何かありますか。

中田　イスラームの場合は基本的には個人だからね。ずっとひとりでアラビア語の聖典クルアーンを読むとか。24時間クルアーンの読誦を流しているラジオがあるから、それをずっと聞いているとか。イスラーム世界だとそれはごく普通ですね。

——老人になったからといって、強迫観念に駆られて居場所ややりがいを見つけなきゃいけないというのはない。

中田　そう、基本的には1日5回の日課の礼拝ができれば、それで生きている務めは果たしたことになりますからね。人は神に仕えるために生きているので、その務めを果たすための命を維持する目的で働いているわけだよね。食べ物がなくて飢えて死んでしまうと礼拝もできないから働いているわけです。

——礼拝が主で、そのために働いて食うんですね。

中田　そうです、イスラーム教徒はそのために生きているわけですから。礼拝しない人たちというのは、そもそも生きている意味がない。

ちょっと前までは、イスラーム世界に限らず、どの世界でも、40歳くらいになる頃には子どもが独立して、そのあとはお経読むなりしながら、お金を使わずに余生を送るというのが老人としてのあるべき姿だったわけです。今だって田舎に行けばけっこういると思いますよ。

――老人がお金をたくさん持っているがゆえに経済活動に組み込まれ、その構造を維持するために社会から「生きがい」といった強迫観念が押し付けられて、それでこういう世界ができてしまっている。それって結局、社会の価値観を受け入れることで、社会から承認されたいということですね。

中田 そういうことですよね。本来「生きがい」なんて必要のないものです。他人の承認も必要ない。伝統宗教の世界では、神様仏様が承認してくれれば、それで良かったわけですからね。

――とはいえ、昔は60歳くらいまでに死んじゃったわけですよね。だから、40歳くらいからお経読む生活を始めても、20年くらいで死ぬことになった。でも、これが100年くらい生きられるようになると、人生の半分以上お経読んでいることになりますよ（笑）。感染症が流行ったり、紛争が起きることはあっても、全体的な衛生環境や栄養状態が良ければ、人は長生きすると思うんですが。

中田　それはそれでいいけどね。世界自体が豊かだったら若い人に年金をあげちゃうとか。日本人というか、東アジアの農耕文化の人間にとって、いちばんいいのは田舎に行って晴耕雨読でしょう。トマトとか植えて、自分が食べる分だけ作る。貧しく生きていれば、お金はそんなに必要ありません。

内田樹先生も言っていたんだけど、これからは地方に行って農業をやる時代です。もし実際に食べ物がなくなって都市が「北斗の拳」状態になったら、田舎に行って家庭菜園的なものを作って生活するというのはいいと思います。私も田舎でヤギを飼って、乳製品を自分で作ってみたいんです。とりあえず若い人を雇って、ヤギの世話をしてもらう。そんなことを考えています。

――中田さん、動物の世話とかしたことあります？

中田　昔ウチのばあさんがヤギ飼ってたことがあるんです。ヤギはあまり手がかからないというんでね。別に失敗したってかまわないんです。基本的には死ぬまでの暇つぶしですからね。

――40歳、50歳を過ぎたら、あとは死ぬまでの暇つぶしと捉えた方がいい、ということですか。

中田　そうですね。別に20歳からでもいいんですよ。人間はいつかは結局死ぬわけです。何をやったって無駄なんです。だから死ぬまで生きているだけのことで、その意味では今生はすべて暇つぶしでしかないんです。

歳を取っても円熟するとはかぎらない

――家族や子どもがいると、当面その世話をすることが人生の仕事になりますね。その後は、若い世代を子どもと見なして何かを残す。その際に若い世代の生き方を侵害しないようにする。

中田　邪魔しないのが大事です。いまは若い人たちの方が知識も何もかも進んでいます。昔のような老人の知恵なんてもうないですからね。

――……ちょっとくらい何かないですか？

中田　ないと思うね。歳取ってわかったことだけど、歳を取っても賢くならない。ボケてくるとか、そんなことばかり。

――歳を取るとボケるということがわかる、ということを若者に教えられるじゃないですか。

中田　そんなこと教えてどうするんですか（笑）。ボケてるから相手にしなくていいとか、そのくらいしか教えるものがない。老人が若い人に与えられるものがあるとすればお金くらいです。

――歳を取って成熟していくことは学問の世界ではありませんか？

中田　微妙ですね。歳を取って衰えた部分って、自分では感じられないんですよ。たしかに知識は増えていくのだけれども、その知識が間違っていたりする。われわれ世代の中東研究者だと、つい「オスマントルコ帝国」とか言っちゃうわけですよ。

――今はオスマン帝国ですからね。

中田　古い知識はたくさん持っていても、常にアップデートしてないとその知識が間違っていたりするんです。たしかに昔は歳を取ることで学問が円熟味を帯びてくることはあったんですけれど、今はどうですかね。今の若い人たちの学問を見ていると、昔の焼き直しだと思うところもあるんだけれども、わからない。特に私がやっているような学問だと、今の価値観、たとえばフェミニズムのような考え方がないので古典は「古い」と言われがちです。たしかにそうなんです。だからといって、新しい人が正しいわけでもありません。

新しいことのかなりの部分は、じつは学問というよりも、ただの流行のスタイルでしかないと思っていますから。

たとえば、志村けんが新型コロナウイルスで亡くなってしばらくは、志村けんの動画がたくさん上がって、やたら評価されていましたよね。でも、今あらためて見てみると、コントの中で、今なら許されないようなとんでもない男女差別が行われていたりもする。でも、当時はそれが当たり前だった。

学問も同じです。知識はそれなりに蓄積していくから、年寄りの方が若干知識量は多いんだけれども、その分、新しいことにはついていけないから時代錯誤になりがちです。でも、そのことに自分自身では気づけない。

それでも他の分野に比べると、まだ学問の世界、特に人文科学は成熟とか円熟といった要素が少しは残っている方だとは思います。でも、これが理科系になると、もう若い人の発想にはかなわない。だから年寄りの学者の仕事は、お金を持ってくるとか、そういうことが中心になる。

――経験を重ねることで、視野が広がることはあると思うんですが、老人になるとみんな賢くなるという一般化はできないということですね。

中田 そう。歳を取るほど見方が偏ってくることのほうが目立ちますね。特にインターネットを見ていると、そう思います。私自身も、自分ではバランスが取れているとは思っているけど、わからないですね。基本的には自分はダメだと思った方がいいですよね。

――歳を取ることによって頭が固くなっていくのを柔らかくしようとするのが老人の勉強、と位置づけている人は多いと思うんですよね。

中田 柔らかくしようとしてもいいんですけど、できると思っちゃいけない。心意気はいいんですけど、たぶんできない。

――そうですね、「オレのこの柔軟性がわからないなんて、おまえたちはバカだ」とか言っちゃったり。

中田　そうだね。

――「人間は寛容で自由でなければいけない、そうでないやつは許さない」みたいな。

中田　本当にそうなんだよね。みんな自分が例外だと思いたいんだけど、本当はみんなダメなんだよね。

大事なのは「生きがい」より「死にがい」

中田　新型コロナウイルスで死んだ人間はたしかに気の毒なんだけれども、生きている人間だって、いつかどこか別のところで死ぬわけです。新型コロナウイルスで死んだ人の方が、あとで死んだ人より気の毒だとは言えません。いずれにしても、どうせ死ぬんです。

さっきも言いましたが、みんなに悲しまれて死ねるという意味では、いま死んだほうが良かったかもしれません。

——でも、なかなかそんな風には捉えられませんね。新型コロナウイルスで死ぬのは恐ろしいものだとか、悲劇だとかと捉えてしまう枠組みがある。中田さんの言う「死にがい」をはっきり持っていないから新型コロナウイルスが怖いのかな。

中田 そうでしょうね。老人生きがい本にしても、どういう死に方をするかについては書いていない。書かれているのは生きることまで。生きがい本を書いた人は長生きするのかもしれないけれど、それでも最後は病院に行ってチューブにつながれて、死ぬわけです。でもそこは書かない。そのことから目を背けているんです。だから新型コロナウイルスで死ぬかもしれないとなると慌てる。

——どうやって死ぬかについては、どこまで具体的に考えられるものでしょうね。死って偶然だったり突然だったりするものだから、あまり具体的に想像はつかないですね。チューブにつながれて死ぬのだろうと思っていたら、野垂れ死にしてしまったとか。

中田 自殺ができれば、かなりのところまでコントロールできると思いますよ。自殺が禁止されていない教義であれば、ほぼ完全にコントロール可能です。日本の法律では自殺自体は罪になっていないですよね。自殺を禁じるというか、罰則をつけるのはかなり難しいですからね。

——自殺した者は死刑、というわけにはいかないですからね（笑）。

中田 他人の自殺を手伝うと自殺幇助で罪に問われますが、本人は罰せられませんからね。

——その意味では即身成仏なんて、まさに理想的自殺ですね。

中田　そうなんですよ。即身成仏はまさに自分でコントロールする自殺ですね。ただ、それ以外でも「病院に行かない」と決めておけば、チューブにつながれて死ぬような終わり方は避けられます。あるいは田舎の姥捨山的な場所を選んで、そこで暮らして、生きていけなくなったら死ぬとか。さっきのヤギを飼うという話も、それに近いんだけれども。

——田舎でヤギを飼うというのは、死ぬための準備なんですね。そこで暮らしていて、体調が悪くなっても病院には行かないと決めておいた方がいいんでしょうか。

中田　もちろんです。あと仏教なら、出家もひとつの手段ですね。ただ、出家しても身体が動かない病気になったら病院に入れられちゃうような気もするから、その辺はわからないけどね。

——日本だと病院以外のところで死なれると面倒なので、誰かに見つかったら病院に連れていかれてしまいます。

中田　でも、出家していたら寺のお墓に入れてもらえるかもしれません。お寺で死んで、そのまま埋葬する。ただ、まあ、埋葬には死亡証明書が必要なんで、医者に来てもらったり、警察も来なきゃいけないし、そこは面倒だね。

――それと似ているんですが、インドの聖地のバラナシに「解脱の家」という施設があるんです。ガンジス河のほとりにあるんですが、死期が近づいたと感じた人たちが本人の意志で家族に連れてきてもらうんです。ただ、基本的に2週間しか滞在できない。2週間以内に死ななかったら帰らなきゃいけない。そこで同じような死にそうな人たちとともにガンジスを眺めて最後の日々を過ごすんです。死ぬと、河べりの火葬場で焼かれて、灰はガンジスに流される。

中田　すごく効率的でいいですね。

――要するにその「解脱の家」って、生と死の中間点みたいな場所なんですよね。生からいきなり死に飛び込むのではなくて、その中間のあわいのようなところに、死ぬまでのわずかな日々とどまって、両方の世界を眺める。

2週間経っても死なないと、死ぬ意思がないと見なされてしまう。だからそこに来た人は2週間以内に死のうとするらしいです。意志的に死のうとする。すると本当に死ねるそうです。そこを舞台にした『ガンジスに還る』というインド映画もあります。

中田 なるほど、それはいいですね。そういうビジネスモデルを日本でもやるべきです。

――それこそ老人ビジネスってことになるんですかね。

中田 なると思いますよ。しかも病院と違って責任がないからいいですよね。死んでも死ななくても訴えられたりしないからね。

――一種のホスピスだと思うんですが、ホスピスは延命治療は行わないといっても、医師や看護師のいる医療施設なのでお金がかかるんですよね。お金のない老人はあまり行けないし、死にたいといってもそれを手伝うことはできない。その点、「解脱の家」はヒンドゥー教に根ざした宗教施設なので、死は輪廻への入り口であると位置づけられている。そこは違いますね。

中田　今の日本はうるさいからね。ここは宗教の出番ですね。仏教者なんて生きている意味ないんだからさ。

――日本は宗教にそんなに力がないじゃないですか。お寺で死ぬこともできないでしょう。死にそうになってお寺にやってきて、そこで死んで、そのままお経をあげてもらうとなれば、すごくいいと思いますが、お寺で死にそうになると病院に連れていかれてしまう。その辺、イスラームではどうなんですか。死にそうな人をモスクへ連れていった場合、どうなるんでしょうか。

中田　どうだろう、病院で死んだ人はモスクに運びますね。モスクに運んで、そこで礼拝をあげ、それが終わるとお墓に運んで埋葬する。モスクで死んで、そのまま埋葬というのは、どうでしょう。殺された場合とかもあるからね。

——仕組み的にはまだ難しそうですね。

中田　でも、基本的には田舎でヤギを飼ったり野菜作ったりしながら、そこで死ぬ。それがお寺と組み合わさっているのが、日本のもともとの考え方に近いですよね。あとは、それができるだけの宗教者がいればいい。

——そこまでの権限が日本のお坊さんにはないですよ。

中田　地方であればその辺は馴れ合いなので、医者と役場を巻き込めばいけると思いますよ。いきなりポンっと行ってもできないでしょうけど。

――なるほど、日頃からネットワークを作って根回ししてつないでいくわけですね。いまの日本の制度や仕組みの中でも、できることはけっこうあると。

中田　そうですね。そういう気はします。だから、みなさんも田舎でヤギを飼いましょう。

＊本対談は2020年4月1日にオンラインにて収録されました。

3章

姥捨山から蜂起せよ

矢内東紀

健康になって何をしたいかこそが大事

現在29歳の私から見ると、老人の関心というと基本的に「お金」と「健康」に集約される印象があります。

で、お金はけっこう持っている老人が多いので、実質的には「健康」が最大の関心事になっている。健康雑誌を読んだり、ヨガやジムに通ったり、用もないのに医者に行ったり。そして「こうすると腰にいい」とか、「血液がきれいになる」とか、そういう健康情報に耽っている。

でも、それってすごく消極的だなと思うんです。自分の身体なんて、老いていけば、いずれは朽ち果てていくものです。それよりも他にやることがないのかな？　と思ってしまいます。

妻の祖父が老人ホームに入っているんですが、ほとんどボケてしまっていて、孫である妻のこともわからない。うちの子、つまりひ孫を見て喜んではいますが、おそらくよくわかっているわけではないでしょう。

ボケるのは仕方ないと思うんですが、施設としての老人ホームは、かえってボケを進行させる環境です。娯楽といえば、みんなで書道をやりましょうとか、動物園に行きましょうとか。でも、人生の最後を迎えるのにあたって、本当にそれでいいのでしょうか？

中田先生は健康保険も入っていないので、一切病院に行かずに、家でアラビア語文献の翻訳をしていますが、そっちのほうがよほど健康的に、楽しそうに見えてしまいます。

そもそも、そこまでして健康を維持する必要があるんでしょうか。健康であることを目指していても、本当に大事なことは「健康になって何をしたいか？」でしょう。もっと言えば、健康は二の次で、本命は「何をしたいか？」にあるわけです。

健康でなくたって、したいことはできる。健康でなくてもしたいことをしている方が生き方として正しいのではないか。まず天命があり、天命のために命や健康な身体がある。

命あっての物種、という面はもちろんあります。でも、健康を維持する努力に残りの人生の時間をすべて費やすというのはどうなのか。健康になって何するかといえば、大広間に集まって車椅子に座ってポケーっと大相撲を観たり、ゲートボールするだけだとしたら、

「人生の総決算がそれでいいわけ？」と若者としては思うわけです。

本人たちは「楽しければいい」と言うかもしれませんが、あとを継ぐ若い世代としては、後世の人がその姿を見て「かっこいいなあ」と思えるものを残してほしい、それこそが人生なんじゃないかと思うわけです。

宗教学者の島田裕巳先生が、「昔、人はもっと惜しまれて死んでいった」と言っています。40代、50代で死ぬ人が少なくなかったからです。社会的に重責のある人が若くして亡くなって、みんながオイオイ泣く。でも、今は医療が発達して、80歳、90歳で何の社会的役割もない人が死にましたっていう話ばかり。悲しいどころか、周りにさんざん老害さらして迷惑していたのが、やっと死んでくれてホッとしたという方が多い。

２０１８年に自殺した保守派の論客に、西部邁という方がいます。生前から「自分の意思もわからない状態で看取られるのは耐えられない」「自然死といわれるものの実態は『病院死』にすぎない」「死に方は生き方の総仕上げだ」などと述べ、自殺すると公言しており、実際に自殺しました。私はこういう老人はむしろ潔いと思います。身体を悪くされていて、自分ひとりで死ねなかったので、自殺幇助で西部先生のお知り合いが逮捕されたのは気の毒ですが、それはその人たちが犯罪者になってまでも西部先生のやることだから手伝ってあげたいという覚悟があったわけですよね。「殺してほしい」と言って、手伝ってくれる人がいる人生は、ある意味幸せです。死に方として、あそこまでできるとかっこいいし、後世の人たちに何かを残せる死に方だと思います。

翻訳は狙い目、特にマイナー言語がクール

この「後世の人に何かを残す」というのが、老年期を生きるひとつのポイントではないかと思います。「何を残すか」は人によって違うでしょう。

中田先生を見ていると、翻訳ってすごくいいなと思います。それは脳の老化防止のために英会話を習うというのとはまったく違う。それでは単なる自己満足で、誰のためにもなっていない。多少英会話ができたところで、そんなもの社会にとって何の役にも立ちません。そのうち足腰も立たなくなって、頭もボケてしまうんですから。

それより最新の思想書を1冊翻訳する。トルコ語でも、インドネシア語でもなんでもい

いけど、そこの思想家の最前線の本を訳してから死ぬ。それをインターネット上に公開しておけば、誰かがそれを役立てることがあるかもしれない。翻訳が下手くそだって、途中までだっていいんです。それを淡々とブログにでも残しておけば、誰かが関心を持つかもしれない。誰も見ないかもしれませんが、それはどうでもいい。コツコツ翻訳を続けている本人も、これは後世の誰かの役に立つかもしれないと思えるんですから。でも、老化防止に英会話をやったって、間違いなく誰の役にも立ちません。

それでも英語をやりたいのであれば、翻訳家としてのスキルを身につけるために勉強をするという目的意識を持って、勉強して死んでいってもらう。普通の英会話教室と違うのは、学ぶことがただの発散、自分磨きで終わらないこと。老いていくしかない自分を無意味に磨くのではなくて、世界に向けて成果を出すことを目的にする。そのために勉強するのと、なんとなく勉強するのとでは、まったく違います。

英語である必要はまったくありません。むしろ、カラカルパク語とかマリ語とか、マイナー言語が狙い目です。ちょっと勉強しただけで第一人者になれますからね。カルチャーセンター的に受け身で学ぶのではなくて、世の中に介入するための武器として学ぶ。そして、何かの文献を翻訳して後世の人に残す。

自分の欲望を満たそうとか、自分の身体をより快適にしようという方向にいくと、結果的にはあまり快適にならないことが多いんです。自分の外側、つまり世界を快適にするほうが、結果的に自分が快適になりやすい。それなのに、たいていの老人は、小金使って自分磨きしながら死んでいく。あなたたち本当にそれでいいのか？　と言いたいです。

年金の残りを積み立てるなんてみみっちいことはやめましょう。それより、いろんな政治団体を調べて、今後世界を牛耳りそうなところを予想して、そこに寄付をする。高額である必要はありません。1万円だってすごく感謝してもらえます。

そうやっていれば、その団体の守護神のような存在になることも可能です。老後の資金が心配とか、病気が不安とか、そういう消極的な閉じた世界に本当に死ぬまでいたいのか。こうすればガンは予防できるという食事をしていても、ガンになる人はなるし、ならない人はヘビースモーカーで浴びるようにお酒を飲んでいてもならなかったりする。あてにはなりません。でも、お金を誰かのために使えば、確実に自分の世界はがらりと変わります。

姥捨山から蜂起せよ

この前、障害者支援施設に招かれて講演したのですが、そこで私が話したのが「姥捨山から蜂起せよ」というテーマでした。これはどういう意味か。

姥捨山という言い方が適当かどうかはさておき、障害者支援施設のスタッフは、精神的にかなり追い詰められていました。

その施設でスタッフに「いま何が足りていませんか?」と聞くと、「目標が足りていない、何をしていいのかわからない」と言うんです。

仕事に希望がない。これは老人介護施設などでもそうだと思いますが、そこに入所している人たちの多くは、将来的に良くなる可能性がない人が多い。回復して社会復帰する、といったような希望も持てない。何を目標に仕事をしていけばいいかわからないという。

それでもスタッフたちは、希望と善意を持ってその仕事を選んだ。とはいえ、やはり葛藤はあるし、心も折れる。その希望が完全に崩壊したのが、やまゆり園事件です。

２０１６年７月、元施設職員が施設に侵入して刃物で入所者19人を刺殺し、入所者職員計26人に重軽傷を負わせました。元職員は就職当初は「障害者はかわいい」「今の仕事は天職」などと言っていましたが、やがて「障害者を皆殺しにすべきだ」などと言うようになり、「国の負担を減らすため、意思疎通を取れない人間は安楽死させるべきだ」と考えて犯行に至ったと言われます。

障害者支援施設は、その前提自体に無理があるんです。障害者支援施設は国からの税金に支えられた事業です。つまり公共性がある。税金を投入されている以上、「この施設はどうやって税金を返してくれるわけ？」みたいな圧力が常にかかっている。ですから、何かしら国のために役立たなければならない。そこがネックなんです。

よく言われるのは「障害者の自立のため」ということですが、ここで言う「自立」は何を意味しているのか。それは結局「就労」だったりする。障害者にもお金を稼いでもらって、それで税金を払って国に貢献してくれるようになってもらいたい。本人のためというより国のためです。本人たちがそれを本当に望んでいるかどうかは別です。

仮に「私たちは宗教活動がしたい」とか「政治活動をしたい」と言ったらどうでしょう。

おそらく、まず認められないはずです。でも、昔であれば、老人になれば、一日中お経を唱えているとか、あるいは「この国をなんとかせにゃ」といって政治に打って出るというのは、よくあるパターンでした。社会から疎外された障害者や老人が宗教や政治に向かうのは自然なんです。しかし、国に支えられた今の制度ではそれができない。

宗教にしても、政治にしても、それは生きる規範に関わっています。しかし、そういう規範に関わることもできず、スタッフもそのサポートをすることができず、ただ死んでいく。いわば崩壊した姥捨山です。

宗教や政治活動がダメだとしても、私はたとえば外国語の本の翻訳なんていいと思うのですが、重度の知的障害があると現実的に難しい。それでもやりたいというなら、それをスタッフがサポートしてあげられるといい。でも、それも今の施設のスタッフたちの待遇や位置づけのままでは難しい。

つまり、障害者支援施設の問題は、「姥捨山に捨てられた人たち」に加えて、「姥捨山の管理人」たちの問題でもあります。今のままでは何の希望もない仕事の環境を、どうしていきたいかということに関わってくる。「姥捨山から蜂起せよ」とはそういう意味です。

これは障害者支援施設だけの問題ではなくて、超高齢化社会になって、老老介護が当たり前になった今、われわれ自身の問題でもあるんです。

回復も自立も目指さない生き方だってある

現在、いろんな介護老人保健施設や障害者のためのグループホームがありますが、たいていみんなで同じことをさせようとする。食事をみんなでとりましょうとか、みんなで話し合いをしましょうとか。そういうグループ活動が回復プログラムということになっている。

でも、こういうプログラムって、本人たちのためというより、税金をもらっている国や自治体に対してのアピールだったりする。老人や障害者だって、それぞれ違う人生を送ってきて、それぞれ自分の世界を持っているし、プライドだってある。それをまるで小中学生のように、同じことをやらせる。そんなのできたら老人じゃないし、障害者じゃありません。回復とか自立ができない人たちだっているんですから。

税金が投入されてしまうからそれを回収しなくてはいけない。そのためにプログラムが組まれる。それなら税金を回収しないようなシステムを作ればいいのではないかと思います。どういうことかと言うと、本人を低代謝にしていく。ずっと寝ていて、身体も動かさない。そうやって徐々に代謝がゼロに近づいていき、やがて命の消えるに任せる。いわば即身成仏です。

でも、税金の投入されている老人ホームではそれはできない。「もっと健康になりましょう」と言いながら、回復する見込みもないのに健康診断を受けさせたり、なんとかプログラムを進めたりするしかない。それが無駄なことは本人もスタッフもわかっている。でも、国からお金もらっている以上、しなければならない。空しいかぎりです。

かといって、即身成仏をプログラムにすることはさすがにできません。そういう役割はかつては宗教が担っていたわけですが、現在の世俗化されてしまった宗教ではそれはできない。そうなると、世俗に何の希望もない老人たちは果たしてどうすればいいのか。

YouTubeがひらく老後

そこで、私が可能性を見ているのが、YouTubeです。回復する見込みも希望もない。死を待つばかりで、どうやって時間を潰したらいいのかわからない。そうなった老人が、周りに迷惑をかけずに、どうやって穏やかに時間をやり過ごせるか。それにはYouTubeがいちばんなんです。

YouTubeなら、好きなときに見ていいし、見たくなければ見なければいい。自分のチャンネルを開設して、それで発信もできる。それを見たい人は見るだろうし、見ない人は見ない。そうやって仮想のコミュニティがネット上にできていけば、そこがその人の居場所になる。ほんの数人単位の小さなものだっていいんです。

家でYouTubeを見ていてくれたら、家族だって安心です。本人にとっても、したくもないプログラムをするために老人ホームに集まる必要もない。老人はYouTubeという風潮が浸透していけばいいなと思います。知的障害がなくて、身体障害だけなら家で

YouTubeを見ていてください、という風に。

それは私が保育園に子どもを預けるのとほぼ同じです。子どもは自分の機嫌を自分でコントロールできないから、泣き叫んだり、暴れたりする。そうすると私はまともに仕事ができない。だから保育園に預ける。子どもが嫌いだからではありません。家族でありたいとか、子どもを育てたいという思いと、保育園に子どもを預けることは矛盾しません。老人ホームもほぼ同じです。老人が嫌いだからというのではなく、一緒に暮らしていると、うるさかったり、なにかと世話を焼かなくてはならなくて、仕事や生活に支障が出るから老人ホームに預けるわけです。預けられたくないなら、うるさくない老人を目指しましょうという話です。そこでYouTubeが役に立ちそうだということです。

YouTubeと会話してもらっていれば、家族は関わらなくていい。自立や回復は目指さない。基本的には、家族も「いつ死んでもいいんだよ」という姿勢で関わる。ただ、痛みとか不快感というのは、あまりないほうがいいので、痛みのコントロールは医療的に行う。そこだけクリアすれば、あとはYouTubeに耽っていてもらえればいい。自分のチャンネルを作って、発信してもいい。どんなにつまらなくても、ひとりやふたりは聞いてくれる人はいます。それだけいれば十分です。そういう人とやりとりしてもらえばいい。

電話ライブの可能性

また、YouTubeでそういう老人を相手にする人がいてもいいと思います。ちなみに、私のYouTubeの視聴者はだいたい36歳から45歳くらいが中心なんですが、下は15歳以下から、上は64歳以上までと幅広いんです。割合で言うと、45歳以上が30％強。65歳以上も9％ぐらい。

私はそこで電話番号をさらして、時間を決めて電話に出て、その会話をライブ中継するというのをやっています。映像は私の自撮りの動画なんですが、これがなかなか人気なんです。他の人が電話している状況を聞いているのが、みなさん楽しいみたいです。

電話って不意にかかってくるのは嫌ですけれども、時間限定だったら、こちらも「今から受け付けるぞ」モードに入れるし、かけるほうも安心してかけてこられる。「電話ライブしますよ」って言ったらすぐにかかってきます。変なことを言われたり、噛みつかれたことはありません。こちらがていねいな口調で話していると、相手も行儀よく対応してくれます。基本、通話は3分以内ですが、視聴者が面白がっていれば15分くらいまでやることもあります。毎回1000人くらい聞いていて、1日にそれが1万5000回くらい再生されます。こんなに人気が出るとは思わなかったので意外でした。

そこで思ったのは、老人や障害者、メンタルを病んでいる人たち専用のチャンネルがあってもいいということです。そういう人たちが気軽に電話できて話せるチャンネルをYouTube上に作る。収益は投げ銭と広告料です。電話をかける側に課金はしないで、基本無料です。私の場合、1回平均2時間ほどやって、1万5000円くらいの投げ銭が入ります。これはそのユーチューバーの人気にもよるでしょうが、面白がってくれる人たちは確実にいます。

オレオレ詐欺師たちよ、老人専門ユーチューバーになりなさい

私としては、オレオレ詐欺をやっている人たちが、こっち方面に流れればいいと考えて

います。オレオレ詐欺は老人に電話して金を騙しとりますが、それにはかなりの組織力がいる。効率が低いので、たくさん電話しなくてはならない。数十人がかりで携帯をたくさん用意して、という初期投資も必要です。それだけ投資して、やっていることは犯罪ですからね。

でも、老人専用チャンネルなら、老人と話して、本人にも家族にも喜んでもらって、それでお金がもらえる。大がかりな初期投資も必要ない。反社会組織どころか、社会貢献にもつながる。ノルマもない。となると、同じ電話を使ってビジネスにするなら、そっちのほうがずっといいんじゃないか。

こちらが話を導いてあげる必要はないんです。ただ、聞いてあげればいい。必要なことがあるとすれば、礼儀正しくあることくらい。ゆるく、どちらかと言えばこちらも怠けたいくらいの雰囲気で聞く方がいい。そうやって電話ライブすると、あとで視聴者が勝手に字幕をつけたりしてくれます。ライブでみんな見ているので、相手が騙したりしないことはわかっている。だから、相手も安心して話ができます。もし人気が出れば、お金にもなります。オレオレ詐欺よりずっといいと思いませんか。

こういう仕組みがあれば、場所としての老人ホームも必要ありません。インターネット老人ホームのような感じで、ネット上にたくさん電話ライブ・ユーチューバーがいて、今日はこの人と喋ってみたいといってアクセスする。電話がつながらない間は他の人の電話を聞いている。それで時間潰して楽しんでいてくれれば家族も心配いりません。

また、逆に老人がYouTubeライブで電話を受ける側になっても面白い。老人が老人の電話を受けて、相手をする。形を変えた老老介護とも言えます。

特定の場所に集まるとなると、時間を合わせる必要も生じるし、移動手段も必要になります。現在の介護の問題は、その手配に時間とお金と人手がかかることです。そこで税金を投入するわけですが、そうすると先ほど言ったように宗教活動や政治活動もできなくなる。その点、インターネット老人ホームなら民間ベースでできて、移動コスト、人件費もかかりません。それどころか、下手したら儲かってしまう。実際、有名な老人ユーチューバーもすでにいます。それを目指すのもありではないかと思います。

現在70代以上の老人はインターネットが普及した頃には50歳ぐらいだった世代で、パソコンやスマホは苦手という人もけっこういます。YouTubeをひとりで始めるのは難しいかもしれません。でも、老人ホームならWi-Fi環境さえそろえておけば、最初に若いスタッフがYouTubeの見方やアップロードの仕方を教えれば、あとは放っておけばいいのですから、大きな負担にはなりません。もう十年もすれば老人たちもみなYouTubeを見るぐらいのスキルは持っている人たちになるでしょうから、そうした問題もなくなるでしょう。

現代の阿片窟

宮台真司先生が面白いことを言っています。アメリカのリベラルは、奇跡的に国民全体が仲間になった時代を経験し、仲間内での再配分を想定していたけれど、今後はもう仲間だと思うのは無理、だから再配分も無理。でも再配分せず放っておけば秩序が乱れる。再配分に代わる手段がテクノロジー。第一は拡張現実や仮想現実のような「ゲーミフィケーション技術」、遊びや競争といったゲーム的な要素や考え方をゲーム以外の分野に応用する取り組みです。要するに貧困老人はスマホゲームやYouTubeで遊ばせておいておとなしく死んでいってもらおう、ということです。

宮台先生が第二に挙げているのは、大麻を代表とする無害なドラッグです。ゲームもドラッグも共通して、再配分抜きに安上がりに人から痛みを除き幸せにする力があります。再配分より統治コストが下がって合理的、というわけです。宮台先生によると、解禁の論理は功利主義統治論です。功利主義的には、幸せとは快楽です。快楽はドーパミン濃度などで計れる脳状態です。その脳状態を何を用いて実現しても快楽は快楽です。スマホゲームだろうが、ドラッグだろうが、かまいません。大麻をやれば、社会の不公平とか貧富の格差はどうでもよくなりハッピーになれるのなら、不公平の排除など不要、民主政も要らないことになる。

２０１８年10月17日、カナダでは娯楽用大麻が解禁されました。アメリカでは30州と首都が医療用大麻を解禁しています。日本では、大麻はまだ医療用にも解禁されていません。でも、同じ麻薬でも大麻よりも依存性が強いアヘンが、強力な鎮痛剤モルヒネの材料として医療用に許されています。

だからこれからは、精神的にも身体的にも暴れて他人に迷惑をかける心配がない気力も体力もない老人には、YouTubeで配信して医師の監督の下に置くとか、一定の条件をつけて大麻などの麻薬を解禁するのが吉です。楽しい老人用の「現代の阿片窟」を作ってYouTubeで配信、うまくいけばバズって大儲け。これで老人問題は解決です。

老人だからこそ政治活動を

あとは選挙です。政治というのは、いろんな人を回収できるんです。偏った性格であっても、言ってることがずれていても、政治にはそれを回収してしまう力がある。選挙というのはお祭りです。「次の選挙までは頑張ろうか」という風に、とりあえず今抱えてる問題は置いておいて目的に向かって頑張ろうとする。それがやりがいにつながり、健康にもいいんです。

自分が立候補しなくても、応援したい人を決めてボランティアするとか、あるいはどの候補者にしようか情報を集めて考えて投票に行く。それは自分の存在価値に目覚めさせてくれるんですね。しかもその結果が開票という形で目に見える。自分が社会にコミットしている感覚を得られるんです。それは老人ホームでは決して得られないものです。

候補者にとっても、自分に票を入れてくれる人は顧客と同じようなものです。利害が一致してくるから、協力して一緒にやろうよという話にもなる。やることがある、それを認めてくれる相手がいるというのが社会的に健全な状態です。しかも、選挙は国民に認められた権利なので、他人に迷惑をかけるわけではない。まあ、N国党（NHKから国民を守る党）のような迷惑なケースがありますが、それでもその活動が国として認められている。目標はよくわからないけれども、とりあえず活動して選挙を戦う。それで社会的に認められてしまう。

実際に当選するのはなかなか難しいでしょう。けれども、長い目で見て将来的に、たとえばインターネット老人ホームを建設しようというとき、そういう活動実績は必ず役に立ちます。

長い目で見るということがとても大事なんです。短期的に見ると選挙なんて、ただ消耗しているだけみたいに見えるかもしれませんが、世界全体が中東化というか流動的なものになっていく中で、「いざ70歳からの世界征服を」というときに、こうした活動が役に立つ。地域的にバラバラな人たちがネットワーク的につながって、何かをしようというときに動ける仕組みにもなる。

これも、政治的中立を建前とする公立の老人ホームではできない取り組みですから、有志が集まって民間で立ち上げる必要があります。

世界征服という目標があると健康になる

政治関連でもうひとつ言うと、2019年に私はN国党の本（『「NHKから国民を守る党」の研究』／KKベストセラーズ）を出しました。N国党って主張や中身はかなり問題ある、というか、はっきりいって悪い。でも、内部の人は健康なんです。党首の立花孝志さんは統合失調症で躁鬱病なんだけど、すごい元気です。だから人を引きつける力があって、けっこう高齢者も支持しているんです。社会的にぶっとんでしまっている団体って、仏教系新興宗教の顕正会もそうなんですが、中の人は精神的にわりと健康なんです。

中核派の人たちも健康です。彼らは昔、『腹腹時計』という爆弾の作り方を記した本を出しました。テロ活動を煽りかねないということから発禁になったんですが、そこには爆弾の作り方だけでなくて理論的なことも書いてある。

たとえば、「自分がなぜその職場にいるのかを常に考えろ」と。たんに金を稼ぐためなのか、仲間をオルグするためなのか、その職場で特別な技術を盗むためなのか、その職場の人間関係を活用するのか、崩壊させるためなのかとか。

働くことそれ自体ではなくて、「その先の革命のために俺はここにいる」という意識を持てというんですね。そういう大きな目標に向かって頑張っている、というのが彼らの健全さを支えていたように思います。ただ、それで実際に三菱重工爆破事件とかやってしまうから不健康な話になってしまうんですけどね。当人たちはすごく健康です。

それって中田先生の『13歳からの世界征服』の考え方に通じると思うんです。世界征服というと、ぶっとんで聞こえますけれど、要するに、自分にはなんらかの使命があって、そのために自分は生きているという感覚を持とうというのが『13歳からの世界征服』の根幹にあるメッセージだと思います。

世界征服という目標があるから、勉強しなきゃいけないし、人に好かれるようにしな

きゃいけないし、穏当に交渉しなきゃいけない。世界征服の途中だからいじめられてても
つらくないという風に捉えることが、精神の安寧を保ったり、自分の社会的意義を見出す
ことにつながる。それには、普段から何をして生きたいかを考えるのが大事です。自分は
何のために生きているのかを常に問う。ただ生きてるだけでは本当に虚しい。

養子をとって社会革命

話は少しずれますが、もうひとつ老人が生き延びる道として「結婚」があります。歳も収入も関係ありません。実際、最近の話なんですが、私の著作『しょぼ婚のススメ』（KKベストセラーズ／２０１９年）を読んで、結婚したいと言ってきた人がいます。地元に両親と暮らす50代の理容師です。３階建ての店舗つき住居があるんだけど、自分もいつまで仕事ができるかわからない。両親はまだ健在だけど、いつどうなるかわからない。だから、結婚したいという。

ちょうど、私の知り合いで結婚を考えていた40代の女性がいたので、お見合いしてもら

いました。今のところ、前向きに進んでいます。女性の方はいきなり両親の介護は考えられないというので、最初は近場に住んでと考えたりしています。まだ親も元気なうちに結婚すれば、「この人なら世話してもいいとか」「やっぱり嫌だ」とか考える余地もあります。

結婚することによって財産の問題を解決することもできます。このふたりの場合、年齢的に子どもをつくるのは難しい。でも、養子という手段があります。養子をとるって最近の人たちの間ではあまり現実感がないかもしれませんが、相続の問題を解決するには好都合なんです。

たとえ財産があっても、跡継ぎがいなければ、国や疎遠な親戚に取られてしまう。それよりは少しでも自分が関係している人に継がせたいというのもあるでしょう。

養子になる側にもメリットがあります。養子は養父を複数持てます。つまり、複数の父親を持てるので、複数から相続できる。もちろん、そのぶん扶養義務も複数になるのですが、実質的にはほとんどないに等しい。私もできれば養子になって、10人ぶん20人ぶんを相続していきたいと本気で考えています。

現代では家は弱体化し、親族も液状化しています。一族をしっかり守れるほどの力もない。できれば親族問題には関わりたくない、という人がほとんどだと思います。うちの家の血を絶えさせてはいけない、なんて考えている人は少ないでしょう。でも、財産がある以上、それはほとんど顔も合わせない親族間でなんとかしなくてはならない。だから面倒なことになる。

その点、血のつながっていない養子であればしがらみもありません。もともと他人ですから、思い入れもない。中田先生の言う「家庭教師を雇う」というのと同じようなものです。

養子をとるのがブームになっていけばいいと思います。養子なら、そいつがどうしようもないやつだというときは関係もかんたんに解消できますからね。血のつながっていないのがメリットなんです。

養子制度はじつはビジネスモデルの革命にもなると私は考えています。今のビジネスって、基本的にすべて雇用／被雇用関係です。雇用したら、被雇用者に給料を払わなくてはならない。そこでブラック企業を抑えるためにということで、れいわ新選組の山本太郎さんは「最低時給1500円」などと言う。でも、当然払えない企業もありますから、そこは政府で補償しろと言う。

一見、まっとうに聞こえるかもしれませんが、私はこれはとんでもないと思います。国が補償するとなると、当然税金は高くなるし、民間企業が国に支えられることになる。それは実質的な国営企業化です。そうなると、先ほどお話しした老人ホームの問題と同じで、政治活動や宗教活動はできなくなる。自由空間がなくなってしまうんです。

国の介入しない自由空間があることこそ、人間の暮らしにとっていちばん重要なことです。家庭にだって神棚を置ける自由空間がある。でも、そうした個人の自由な生活にまで国家のコントロールが及ぶことになると、どうなるでしょう。私は自由度がなくなれば結果的には国は衰退していくと思います。政教分離がきちんとできていること、宗教活動や政治活動の自由度を上げること。それが国を支える根源だと私は思っています。

そうなると国の雇用／被雇用関係に対抗する策が必要です。そのひとつが養子なんです。養子には、国で決められた最低賃金額の給料を払うという必要がありません。ゆくゆくは跡を継いで相続するわけですから、そこにこだわる必要はない。従業員ではなく養子、細かいことは養子と養父の間で決めればいい。国が口出しすることはできません。

そんなわけで、これからの時代は間違いなく養子がトレンドです。

4章

70歳からの世界征服

中田考×矢内東紀

子どものために自分史を残したい。しかし、自費出版ビジネスでお金をたくさんとられた知り合いがいるので不安です。

矢内　自分史なんて残したって誰も読みません。一般人の自分史なんてたいてい面白くないんですから。ほんとに残す価値のある人生だったら、子どものほうから勝手に聞いてきますし、だれかが本にしてくださいと依頼してきます。子どもに聞かれない、だれからも求められていない時点で、自分の人生なんて他人にはどうでもいいことなのだと察するべきでしょう。聞きたくもない話を聞かされるほど苦痛なことはないですからね。

そもそも、自分が親の自分史に関心を持ったことがありましたか。それを本にして読みたいと思ったことがありますか。なかったでしょう。それが普通です。親の人生なんて自分とは何の関係もないと思う子どものほうが圧倒的に多い。子どもは自分の人生を生きるので精一杯ですからね。

どうしても聞いてほしかったら、若者のライターを雇って、原稿料を払って聞き書きをしてもらうことです。もしくは、自分の子どもにお金を払って聞いてもらえばいい。大金を積めばつきあってくれますよ。そうやってできた自分史を子どもは喜ばないと思いますが、お金をもらえれば嬉しいですからね。子どものためにはなるはずです。

人生100年時代と言われますが、何をしたらいいのかわかりません。

中田　何をしていいかわからないって、大学生ですか。何十年も社会人やってきて、いったい何を学んできたんでしょうね。「何もしなくていいので早く死になさい」と言いたいところですが、お金があって暇なら選挙に出馬でもしたらどうでしょう。

矢内　これからの老人の未来は暗いんです。高齢者医療制度にしても、負担が上限2割になったのもあるけれど、これだけ老人が増えて、それを支える若い層が減っている中、老人たちには緩やかに死んでいってもらいたいというのが政府の本音です。でも、それでいいのか！　最後に一花咲かせてみないか！　そのとき政治は魅力的かもしれません。老人問題に特化した政党を作るとか。老人は数が多いから票にも結びつきやすいです。

人はいつ老人になるのでしょう。

中田　私は60歳ですが、自分ではもう十分に爺さんだと思っています。でも、一般的には65歳以上が高齢者とされているから、世間的にはまだ老人ではないことになります。世間の老人の定義というのは時代や個人によって変わるので、たいして意味はありません。

　それでも、あえて年齢で分けるなら「50歳からは老人」としてしまうのがいいと思います。孔子は「50にして天命を知る」と言っています。だから、どんな生き方をしていても、50歳になったら自覚を持って潔く老人になる。それが早いと言うなら、50歳から60歳までの間ですね。その間に覚悟を決めて「この日からは自分は老人として生きる！」と宣言する。

　ただ、年齢にかかわらず、孫ができたら確実に老人と言っていいでしょう。結婚の早いヤンキーの中には10代で子どもができて、その子がまた10代で結婚して子どもを持つ人もいるかもしれません。そうなると、自分は30代で孫を持つことになり、立派に老人の仲間入りです。そしてさっさと引退する。これこそ早々に若い人たちに道を譲るという意味で、健全な生き方です。

スポーツ選手をごらんなさい。彼らは活躍できなくなったら、さっさと引退します。もう走れない、打てない、勝てないのに現役にしがみついていたら若い人にとっては迷惑千万です。大相撲の力士も引退すると30代でも年寄《としより》になりますよね。すみやかに引退して後進に道を譲る。それこそが老人の務めです。

つまり、老人というのは「役割」なんです。50歳を過ぎたら「これからは老人としての役割をまっとうしよう」と潔く決めるべきなんです。

矢内 電車で席を譲られて、素直に座らない老人がいますよね。あれはかっこ悪い。はたから見れば老人に見えるのに、本人は「自分は老人じゃない」と思っている。「自分は若い」と思うのは勝手ですが、周りにどう見られているかには気づいたほうがいいと思いま

す。むしろ、老人であることを受け入れて振る舞う方がずっとかっこいい。

たとえ「自分はまだ若い」という感覚があったとしても、社会的に老人になろうと努力する。老人のフリをすることでしか、老人にはなれません。

私は2児の父ですけど、内心「自分が2児の父って何のこと?」みたいな感覚は、今でもあります。それでも日曜日には「2児の父」になりきって、子どもたちを遊園地に連れていきます。老人も同じだと思います。「自分が老人? まじ?」みたいな感覚があっても、頑張って老人をやる。

若々しい気持ちや体力を保っていることと、老人であることとは矛盾しません。たとえば、商売人は現役で戦っているので、歳を取っても若々しい人が多いですね。それでも、老人としての役割はしっかりこなしている。それがかっこいいんです。

逆に若々しく見えても、老人であることを受け入れていない人は、ただひたすらにかっこ悪い。不気味というか幼いというか、そういう人には話を聞く気がしません。それは若いのではなくて、たんに成熟していないだけです。

ちなみに私自身は早く老人になりたいと思っています。「若いからいろんなことやって

〜」と言われることが多いので、早く隠居だと思われたい。なんでわざわざ現役でいたがるのか、まったく理解できません。

子どもに迷惑をかけずに早く死にたい。

中田　それなら、さっさと死ねばいいんです。どういう意味で「迷惑をかけずに」と言っているのかわかりませんが、こういう人に限ってちょっと具合が悪くなると病院に行くんです。「迷惑をかけずに早く死にたい」というのは、逆にいえば「迷惑でなければ生きていたい」ということですよね。つまり本音では死にたくないわけです。だったら、素直に生きればいい。生きていたいのに「死にたい」とか言うからややこしくなるんです。

「子どもに迷惑をかけずに」というときの「迷惑」の中身が何かはわかりませんが、本当に死にたければ自分がどんな状態になっても病院へ行かなければいい。そう言うと「それは苦しそうだから安楽死したい」などと言い出す人がいますが、今の日本では「安楽死」するには病院へ行って医者の手を借りなくてはなりません。いろいろ面倒くさい手続きも必要です。だから、どうなっても、とりあえず病院へ行かない。そうすれば確実に早く死ねます。

矢内　村上春樹が『1Q84』で「人が死ぬというのはやっぱり大事《おおごと》だから、大事なりの大変さがあっていい」と書いています。それは「迷惑をかけたくないから死にたい」というのとは違うと思います。他人に迷惑をかけることと、自分の死は別の問題です。たとえ迷惑はかけていても、死は大事なのでちゃんと大事として死ぬ。そのことを考えるべきでしょう。「他人に迷惑だから早く死ぬ」なんていうのは、自分の死を他人任せにしているのと同じです。自分の死を大事として扱って、他人任せにしないことです。

ただ、他人任せにしないからといって孤独死したりすると、後の処理が大変です。病院以外のところで亡くなると、検死もしなくてはならない。あとに残された子どもが、その尻拭いをするとなると結局、迷惑がかかってしまうので本末転倒です。

そんな人は特別養護老人ホームに入る手もあります。生活保護の受給者だったらお金もかかりません。でも、そういう施設には入りたくないという人もいますよね。施設に入るのも嫌、孤独死も嫌。要するにわがままなんです。

それでも、お金を出せば、そんなわがままにも対処できるサービスがあります。YouTubeとウェブカメラを使った見守りサービスとか、食事の宅配をかねて1日1回安全確認する介護サービスもあります。もし死んでいたらすぐ親族に連絡がいく。食事の宅配はコストがかかりますが、孤独死して発見が遅れて遺体が腐乱してしまった場合にかかるコストに比べれば、おそらくかなり低いはずです。

アンチエイジングに限界を感じています。

矢内　エイジングしてるんだから当たり前です。もちろん若く見せたい気持ちはあっていいし、マッサージとかエステ、お化粧してもいい。でも、歳は取っているのだから当然限界はあります。

そもそも、どうしてアンチエイジングしたいのでしょう。誰かに会ったときに「若いね」と思われたいのでしょうか。でも、実際は自分が思うほど、相手は自分のことなんか見ていません。それでも気になるなら誰にも会わずにバーチャルな存在になればいい。たとえば、ユーチューバーになって画像加工した自分の映像を出す。今ならいろんなアプリがありますから加工も修正もし放題です。見せたい自分を、ネットを通して好きなだけ他人に見せられます。

人に「若い」と思われなくてもいいけど、自分のためにアンチエイジングをしたいという人もいるでしょう。自分の気分を盛り上げたい、まだまだ私はイケるんだと自分で納得したい。それが目的なら、本人が思う存分やればいいと思います。誰かに見せるわけではないから、満足いくまでお化粧したり、ダイエットしたり、フィットネスしたりすればいいのではないでしょうか。

ただ、子どものいる人だと気持ち悪がられるかもしれませんね。そういう場合は、同好の士で集まるといい。同じ趣向を持つ者同士で集まって、思い切りアンチエイジングし合えばいい。コミケのコスプレのようなものです。盛るテクニックもいろいろ学べるし、気分も盛り上がりますよ。

中田　アンチエイジングに限界を感じているというのは、人に歳を取っていると思われたくないということですね。それなら仮面を被ればいいんじゃないですか。仮面を被れば歳もわからなくなる。それになんといってもかっこいい。ヨーロッパ貴族の舞踏会でも、貴婦人が仮面を被っていたりしますよね。謎めいていて、かえって魅力も増します。

私は『仮面の忍者 赤影』に出てくる「黄金の仮面」というのが欲しいんです。純金を持っていても使い道がないけれど、仮面にすれば被れます。仮面女子というアイドルグループもいるくらいだし、仮面はトレンドかもしれません。純金の仮面を被っていたら、きっと注目が集まります。

盗まれてしまうかもしれませんが。

断捨離をしている知り合いがいます。いろいろ残しておくと子どもにも迷惑がかかりそうです。でも、何を断捨離するべきか……。

中田　断捨離というと、一般には自分の思い出の写真とか、本とか、服とか、日記とかを処分することと思われています。でも、そんなものは本人以外にとってはゴミです。ゴミだから全部捨ててしまえばいいし、べつに残しておいても捨てるだけですから、子どもにも迷惑はかかりません。それより、残し方が悪いと迷惑がかかるのはお金です。親が財産を手放さないことが、子どもにとって最大の迷惑です。断捨離するなら、まず自分のお金の断捨離から始めなければいけません。

モノなんて残されても誰も欲しがりません。骨董品でもないかぎり、思い出の品なんてすべてゴミです。でも、お金はゴミにならない。必ず欲しがる人がいます。お金の断捨離をすれば子どもは喜びます。

お金を断捨離したって生きていくには困りません。日本であれば、生活保護を使えば最低限の生活はできます。ですから、まずはお金を断捨離しましょう。生前に誰かに全部あげてしまう。手元に何もなければ、もう失うものはありませんから悩みだってなくなります。どうしても他人にあげたくなければ自分で使い切ればいい。いずれにしても、死ぬときに何も残すものがないのがいちばんです。

お金を断捨離してしまったら、次は自分を断捨離する。子どもにいちばん迷惑をかけているのは親かもしれません。ですから、自分で自分を断捨離。まあ、自分で手をくださなくても、病院に行かなければ早く死ねます。

そんなわけで、まずはお金を断捨離、次に命を断捨離。それ以外はどうでもいいです。残したければ残せばいいし、残したくなければ捨てればいい。

矢内　財産を断捨離しても、自分が生きていくのに困らなければいいんです。現実的な話をすると、たとえば、住宅ローンが残っている家を売って所有権が移転しても、その売却代金でその家を賃貸して住み続ける「リースバック」というシステムもあります。自分が死んだ後、家に住む人がいないのなら、この仕組みを使って早めに現金化しておけば、相続もかんたんになります。そういう制度を利用して断捨離することも可能です。

遺言書は書いたほうがいいのでしょうか。

中田　これは年齢にもよりますね。親が若くて子どももまだ幼ければ、心配だからと遺言を残すのもアリだと思います。でも、子どもが遺言書を書かなきゃいけないような歳なら、もうどうだっていい。親が90歳で子どもが70歳となると、子どもに遺産をやる必要はありませんね。相続人だって多くなりますし、遺言書があったってどうせ揉めますからね。

ただ、イスラーム的には遺言書は書いた方がいいとされています。イスラームの場合は、自分の意思で処理できるのは3分の1まで。残りの3分の2は法定遺留分としてイスラーム法の決まりに則って分配されます。たとえば、子どもがいなければ奥さんは4分の1をとる。子どもがいれば奥さんが8分の1をとり、残りを男の子が2で女の子1の割合で分けるとか。それ以外は遺言の内容によります。いずれにしても、遺言は頭がしっかりしているうちに残しておいたほうがいい。あまり歳を取りすぎると、まともな遺言すら書けなくなるので。

葬儀はどうしたらいいか。

中田　しなくていいです。信仰がないのなら葬儀なんてする必要ありません。現代の葬儀は、ただ周りがやっているからそれに合わせているだけです。強いて言うなら世間体という宗教にのっとっているだけのことです。世間体という宗教に従うと決めているなら、それでもいいと思います。世間体信者として葬儀を行い、世間体墓地に入る。

ただ、葬儀を取り仕切るのは基本的に子どもか配偶者です。本来は葬儀のあり方などは、彼らの判断に委ねるべきでしょう。私自身はイスラーム教徒なので宗教的には土葬をすることになっていますが、私自身はたいしてこだわりはありません。お墓についても何も考えていません。基本的にはどこかで野垂れ死にしたい。冬場に北海道で凍死するのがいちばんいいですね。そのまま熊のエサにでもなれればいい。

矢内　うちの親父は自宅で亡くなったので、死因を特定するために病院に運ばれました。ちょっと特殊な事情があったので行政解剖されて、事件性がないことがはっきりしてから、そのまま火葬場に運びました。葬儀も通夜もありません。こういうのを直葬《ちょくそう》といいます。

火葬場に遺体を運ばなくてはならないので葬儀社の人は来るのですが、通夜も告別式もしないで、納棺後すぐに火葬するので費用があまりかからない。それで最近は人気なのだそうです。ネットで検索するといろいろ出てきます。「最安値11万円」とか「顧客満足度ナンバーワン」だとか（笑）。特に信仰がないのなら、直葬で十分だと思います。

自分の死に備えて、SNSの書き込みなどはどうしたらいいでしょうか。

中田　死んだ後のことなんて、どうだっていいです。もう死んでいるのですから関係ありません。

矢内　死んだ後、見られたら恥ずかしいというのを気にしているのでしょうか。でも、そのとき自分はすでにいないわけですから、気にならないと思いますけどね。まあ、残しておいたって、いずれなくなるから関係ありません。

一遍上人は、自分の死後に何も残さないために、自分の本を焼いてしまったという話がありますす。でも、結局は弟子たちが残した。つまり、本人が消そうとしても、価値のあるものは残る。本人が消さなくても価値のないものは消える。たいていのものは価値がないのでどうせ消えます。ＳＮＳもまずほとんど価値がないので消えます。だから安心してください。

ペットに相続させたいのですが。

矢内 日本の法律では無理でしょう。ペットは財産の共有主体じゃありませんからね。アメリカでは州によっては認めているところもあるそうなので、アメリカへ移住すればどうでしょう。ただ、ペット自身は財産管理できないので後見人が必要になるでしょうね。その後見人が契約不履行しても、ペットには訴えられません。それでもよければアメリカに移住してペットに相続させればいいと思います。

中田　イスラームにはペットという概念自体がありません。

払い込みや手続きがインターネット経由になって億劫です。騙された知り合いもいて不安です。

矢内　要するに電子マネー化が面倒くさいということですね。現金でやればいいんです。日本の電子マネー化は、しばらくは進まないと思います。

日本で電子マネー化が進まないことを示す例として、２０１９年秋にイタリアンレストランの「サイゼリヤ」とアマゾンが事業提携したケースがあります。これは都内の一部のサイゼリヤ店舗で、飲食代金のお釣りをアマゾンギフト券で受け取れるというものです。

これは画期的なサービスなんです。なぜかというと、サイゼリヤはいまだに現金支払いだけで、クレジットカードや電子マネーが使えないからです。だから、電子取引の最大手のアマゾンといえども、そこには食い込みようがなかった。サイゼリヤだけではなく、スーパーへ行けば、いまでも老人や主婦の多くは現金払いです。家にはタンス預金や主婦のへそくりが大量に眠っている。「これからはキャッシュレスの時代だ」といって騒いでいるのは独身男性くらいなもので、日本はいまだ現金社会なんです。

しかし、インターネット決済のアマゾンとしては、この大量に流通している現金を吸い上げるシステムが欲しい。そこで現金のお釣りをアマゾンギフト券で受け取れるというサービスを考えついた。それを使ってアマゾンで買い物ができる。つまり、現金のお釣りを電子マネー化できるんです。サイゼリヤの社長がインタビューで「アマゾンはすごい」と感心していました。

そういうわけですから、質問者が心配しているような、すべてがキャッシュレス化する状況はまだしばらくは日本に訪れない。現金を使う道はまだ残されていますから、心配する必要はありません。

中田考先生の『13歳からの世界征服』を読みました。老人からでも世界征服できるのでしょうか。

矢内　まさに、そのためにこの本がある。社会を変えるために、自分にしかできない貢献をする。武装蜂起はちょっとまずいので、あくまでも非武装蜂起。夢はいくら大きくてもいい。ホワイトハウスの無血開城、それとアフガニスタンやシリアの和平を目指して、外国語を学んで翻訳してもいい。

中田　若者になくて老人にあるものといえば、お金くらいです。お金を使って世界征服を目指しましょう。自分でできなければ、若者にお金をあげて、若者に世界征服をさせる。
お金がない老人はどうしたらよいか。たとえば戦場で人間の盾になるという手があります。いまどき人間の盾になっても、そうかんたんには殺してくれません。むしろ「命がけの勇気ある行動」と見なされて注目を浴びるかもしれません。

たとえ、もし殺されたとしても英雄として讃えられるでしょう。若い人たちに嫌がられて長生きするよりも、英雄として称賛されて死ぬほうがいいと思いませんか。盾になってどんどん殺されたとしても、どうせ生きていてもしょうがない老人なのですから、むしろ早く死ねて良かったかもしれません。

外見は枯れた年寄りなのに、性欲が抑えられません。娘にAVを見ているところを見つかってしまいました。

矢内　AVぐらいいいんじゃないですか。他人に迷惑をかけなければ問題ありません。そういう人たちのための出会いの場がYouTubeなんです。

最近こういう話がありました。40歳で、統合失調症、年収200万円台の男がいたんですが、彼が結婚したくてマッチングアプリに登録したんです。でも、誰にも相手にしてもらえない。そこで私がその男性に「YouTubeで結婚相手を募集しなさい」とアドバイスして、メンタル疾患を持つ人たちのチャンネルで自己紹介をさせました。チャンネルには1400人ぐらいの視聴者がいたんですが、その中に興味を持ってくれた女性がいて、お見合いが決まりました。

YouTubeはそういうことが起きるメディアなんです。1400人いれば、興味を持ってくれる人が3人ぐらいいる。老人が「わしは性欲がすごいんじゃ」とかYouTubeで言えば、ほとんどの人は気持ち悪いと思うでしょうが、1000人にひとりくらいは「このお爺さん、可愛い」と思ってくれる人もいるかもしれません。さらに「わしには年金収入だってある」とアピールすればポイントもアップします。

悩んだら、とりあえずYouTubeを始めましょう。

下流老人になってしまいました。生きる希望がありません。

中田　どうせ死ぬんだから、希望なんか持っていない方がいいんです。希望を持っているから死にたくなるんです。本当に生きていたくなければ死ねばいい。でも、死ねないのならば、生きていたいということでしょう。ならば、生きるためにできることをしましょう。

お金がないなら行政サービスに頼ってみればいい。どうせ暇なんでしょうから、しつこく役所に電話をしたり窓口に通ったりすればいい。歩けるのなら、それくらいはできるでしょう。希望なんかなくたって、生きたければ生きていけます。

矢内　たとえば、月収10万円で家賃が4万円。体力もなくてスーパーに行くのも大変。で

も、まだしばらくは死ぬ感じでもない。そういう人がどうするかっていう話ですよね。本当にお金がないのなら、都心の方が生活しやすいでしょう。スラムだって都会にできますから。地方だと買い物に行くのもたいへんです。

何も希望がないなら、とりあえず都心に出てきてYouTubeを始めてみてはどうでしょう。80歳上京ユーチューバーになって、自分の生活を配信する。休憩しながら1時間かけてコンビニに行く様子を中継する。そうすれば物好きな視聴者からプレゼントが届けられたりするかもしれません。

奈良公園の鹿は観光客から鹿せんべいをもらって生きていますよね。それの人間バージョンがYouTubeで可能になります。今は誰でもペットになれる時代です。自分で自分をペット化してエサをもらう。

本当に生きたいなら、そういう方法だってある。でも、そこまではしたくないなら、それは生き延びるよりも、プライドのほうが大事だと考えているということです。

高齢者の貧困問題で、「老老介護でつらい」とか「お金がなくて介護施設に入れない」という話をよく聞きます。でもその多くは生活保護を受ければ解決するんです。

要するに、貧困問題の解決を妨げているのは、じつは貧困そのものではなく、いま持っている家や財産を手放したくない、現状を変えたくないという気持ちであるケースが多い。つまりプライドが最優先されている。だから、家を手放すよりも老老介護しているほうがマシだという選択をとって、結局身動き取れなくなっている。

本当に解決したいなら、家を手放せばいい。でも、それができないのは、本人がいちばん守りたいものがプライドだからなんです。

老人には田舎暮らしは体力的につらい、と言ったけど、まだしばらくは大丈夫という人は、気の合う若者を見つけて田舎に大きな古家を買って共同生活をする、という手もある。

私の知り合いで、エデンでイベントもやってもらった山奥ニートさんという人がいて、紀伊半島の山奥の集落で廃校になった小学校を無料で借りて、15人のニートと一緒に共同生活をしているんです。今は田舎とはいっても電気も水もあり、電気ポンプでくみ上げた水が蛇口から出る。それにインターネットもつなげます。近くにコンビニやファミレスこそないけど、それなりの暮らしができる。トマトやじゃがいもなど手のかからない野菜は自分たちで作り、山菜や川魚などを取ったり半分自給自足のような生活を送っている。

共同生活と言っても、家が学校ですから、都会のシェアハウスと違ってともかく広く、周りの山も川もすべてが庭のようなものなので、ストレスもあまりない。山奥ニートさんは気が向くと村人の農作業の手伝いなどをするくらいで年収30万円ほどだけど、それで十分楽しく暮らしていけるらしい。山奥暮らしについては、石井あらた『「山奥ニート」やってます。』（光文社／２０２０年）を読んでみてください。面白いです。

山奥で暮らしたい人は、まずともかくネットで田舎の家とか探してみましょう。古い大きな農家が無料で売りに出されてたり、北海道から九州、沖縄まで選り取り見取りです。気に入ったところが見つかったら、ツイッターででも一緒に住みたい人を探してみましょう。

老後のたくわえとか、数百万円持ってても、都会だとあっという間に無くなってしまう。でも田舎ならお金があまりかからないので、死ぬまで暮らしていくのに十分です。先行投資で、共用車と、電気ポンプ、大型テレビ、冷蔵庫、洗濯機ぐらい買えば、共同生活といっても大家のポジションが手に入り、若者相手に大きな顔ができます。今の若者たちはみんな貧しいですが、特にニートに追い込まれている若い人はかわいそうなぐらい貧しいので、それぐらいのお金でも出してあげれば喜んでもらえます。それに、なんといっても老人は年金という定収入があるのが強みです。都会だとあっという間に消えてしまう、雀の涙ほどの年金でも、使い道のない田舎で、Wi-Fiと電気代でも出してあげれば、若い人たちの庇護者の気分を味わえます。若い人たちがどう思うかは別ですが、自分が勝手にそう思っていればそれでいいんです。恩着せがましくしてうっとうしがられず、勝手に自分で悦に入っていることが大切。そうやっていれば、いよいよ歳を取って身体が動かなくなったときに、身の回りの世話をしてくれる奇特な若者もひとりぐらい出てくるかもしれない。なにしろみんなニートで暇だから。

一緒に暮らしていこうという人たちだから、最初はSNSで仲間を募っても、いざ実際に山奥に移住するまでには、何回か実際に会ってオフ会をして、一緒に暮らしていけるか、気が合うか、確かめてみるのがいいでしょう。どうせみんな暇なんだから焦ることは全然ない。世界征服が共通の趣味だったりすれば最高です。コスプレができる制服と旗を作るお金が出せれば、それで世界征服を目指す秘密結社の総統に祭り上げられる。山奥のぼろい古家も、秘密結社が世を忍ぶ秘密のアジトだと思えば趣きがあるというものです。オタクは行動力がなくても、趣味の話ならいくらでも喋っていられる人種ですので、死ぬまで陰謀をたくらみ謎会議を続けていれば、退屈することはきっとありません。

> 会社に勤めていた頃の人間関係が切れた後、何をすればいいのかわからない。

矢内　会社をやめたら人間関係がなくなった。そういう人は、最初から人間関係なんてなかったんです。人間関係は、人から「可愛い」と思われることで作られます。可愛いと思

われるから、周りに人が寄ってくる。会社をやめたら、人間関係がなくなったというのは、自分はただの組織の歯車と見なされていて、それ以上のものではなかった。「可愛い」と思われていなかったというだけのことです。

もちろん歯車は歯車で大事なんだけど、代わりはいくらでもいる。給料をもらっているときは、自分は必要とされていると思っていられたかもしれません。でも、実際は代わりが来たら不要になる存在だった。そういう人間関係しか作ってこなかった。そのことは自覚したほうがいいでしょう。

もし、それが嫌ならば、これからは周りにごちそうしたり、プレゼントを贈ったり、良い人だと思われるように頑張ればいい。奥さんがいるなら花を買って帰るとか、独り身ならボランティアに励むとか。人が嫌がる仕事を率先してやることです。たとえば、原発作業員として働く。もらった給料は奨学金財団に寄付する。会社勤めしていたのなら、少しは貯金もあるでしょうから、そのくらいできるでしょう。

気持ちが伴っていなくたってかまいません。行動し続けていれば、みんなに感謝され、周りから「いてほしい人」として扱われるようになります。すると、自分の中にも人間としての尊厳が生まれてくるはずです。

ただし、「この人がいなきゃいけない」というより、もう少しゆるやかに「この人がいてくれるとちょっと楽しい」「場が少し明るくなる」とか、そういう人を目指したほうが無理なく長続きするでしょう。

おわりに　生きがいという荷物を下ろす

田中真知

人生100年時代を迎えて、長い老後をどう生きるか、どのように生きがいを見つけるか。そういうことを指南する、いわゆる「老人生きがい本」がたくさん出ています。

本書もそうした本のひとつと見られるかもしれません。

しかし、説かれている内容は正反対といっていいでしょう。

ストレートに言うなら「老人は早く死んだほうがいい」というのがメイン・メッセージだからです。

ただ、これではけんもほろろ過ぎるかもしれません。

ややマイルドにいえば、「長生きに価値があるという認識は外しなさい」ということです。

これなら、少し納得いくのではないでしょうか。

では、長生きするからには、何か生きがいを持てばいいのか。

そうではありません。

「老人に生きがいなど要らない」のです。

これもにべもない言い方ですね。

マイルドに翻訳しますと、要するに「生きがいに縛られる生き方なんかやめなさい」ということです。

老人に生きがいなどないほうがいい。そう考えてみてはどうだろう、というのが本書の提言です。


もともと、この本は、イスラーム学者の中田考さん（60歳）の『13歳からの世界征服』の続編として発案されました。

『13歳からの世界征服』は、お仕着せの道徳やルールにがんじがらめになっている若い人たちへの痛烈なメッセージでした。しかし、そこにはまだ将来のある若者たちへの期待も込められていました。

けれども、中高年ともなると、もう先が見えています。

その歳になって、あいかわらず世間的な価値観にとらわれているとしたら、もう見込みはありません。

そうなると、ただでさえ容赦のない中田さんの舌鋒がもはや手に負えないものになりそうな予感があったからかどうか、百万年書房の北尾修一さんの発案で「えらいてんちょう」のハンドルネームで知られる若い起業家の矢内東紀さん（29歳）も著者のひとりとして加わりました。そこに私、田中真知（60歳）もまじって、老若併せた複眼的な視点から、高齢者の生き方を考えてみることにしました。


とりあえず、中田さんと私で、巷でよく売れている「老人生きがい本」を何冊か読んでみました。具体的なタイトルは書きませんが、大企業のトップを務める80代経営者の人生論、１００冊以上の生き方本を書いている80代の作家、それに断捨離生活を実践されている60代の女性の本などです。

本を読むのが速い中田さんから、すぐにメールが来ました。

「全部年寄りの過去の自慢、自己満足の価値観の押し付けで、読むに堪えませんね。私も昭和の老人ですから理解はできますが」とありました。

私はそこまでひどいとは思いませんでしたが、ある種の違和感は覚えました。

これらの本に共通するのは、著者がいわゆる成功者であること、必ずしも経済的な成功というわけではなく、趣味、勉強、交友、社会貢献などに生きがいを見出し、自分らしいライフスタイルで充実した高齢期を謳歌していることでした。

それだけ取り上げればいいことずくめです。

でも、まさにそのいいことずくめな点が違和感の元でした。

こういう人たちは、それまでボーッと生きていて、老人になってからいきなり充実した、自律的な生き方に目覚めたわけではありません。それまでの人生の中でも、失敗や挫折はありながらも、おおむね前向きで、充実した自分らしい生き方をすべく努めてきた人たちです。その延長線上に現在の充実した老後がある印象は否めません。

もちろん、こうした本を手に取る人たちの中には、そういう人もいるでしょう。けれども、多くは「自分はこれまでボーッと生きてきたのではないか、人生100年時代だというのに、このままじゃいけないのではないか」と感じている人なのではないでしょうか。

そんな人がこういう本を読むとどう感じるでしょう。

中には刺激を受けて「よし生きがいを持とう」「生活を変えよう」という人もいるかもしれません。

でも、半世紀以上続けてきた生活や思考の習慣をがらりと変えるのは容易ではありません。

他人の人生がどんなに充実して見えたとしても、それはあくまで「他人の人生」です。他人の「自分らしさ」と、自分の「自分らしさ」は違います。ボーッとしているのも、また自分らしさです。それを無理して「生きがいを持たなくてはいけない」という強迫観念に追い立てるのは、結果的に価値観の押し付けではないか。それが違和感の正体です。

いわば、こうした「老人生きがい本」は自己啓発本の延長線上にあるものだと言っていいと思います。老人生きがい本は、老人のための自己啓発本にほかなりません。

自己啓発本の多くは「自分らしさ」という謳い文句とは裏腹に、人を資本主義の枠組みに組み込んでいきます。それは効率や収益を優先し、経済を回す上で役立つ人材を作り出すための洗脳ともいえます。

若いときならいざ知らず、歳を取ってまで「人は輝くべきだ」といって、そのままでいることを許さない。それは本人のためというより、超高齢化社会の中にあってなお老人を資本主義社会に組み込んでいく経済的要請にも見えます。


そんなことを感じていた矢先、新型コロナウイルス感染症の流行が始まりました。

周知のように、新型コロナウイルスは、高齢者であるほど重症化しやすく、致死率も高くなります。それは従来の「老人生きがい本」が提唱する世界とは裏腹に、老人が活動範囲を広げれば広げるほどリスクが高まる、という状況を作り出しました。

ここにおいて、あらためて私たちは「人は死ぬ」という当たり前の事実に直面することになりました。マスクをしようがしまいが、三密を避けようが避けまいが、新型コロナウイルスに感染しようがしまいが、人は死にます。しかし「老人生きがい本」はこの当たり前の事実にはふれず、輝くこと、活躍することにばかり人の目を向けようとします。

しかし、人は死ぬのです。

死ぬとはどういうことか。

それは、生きている間に手に入れたものの一切を手放すことです。財産も、家族も、地位も、名声も、人間関係も、知識も、経験も、記憶も、人生で背負ってきたあらゆる荷物をすべて下ろすことです。

つまり老人になるとは、本来そのような荷下ろしの準備に入ることにほかなりません。背負っていたものを下ろすのですから身軽になれるはずです。

そして背負っていたもので、若い世代に役立つものがあれば、あげてしまう。そうやって裸に近づいていく。

「私は裸で母の胎を出た。裸でそこへ帰ろう」というヨブ記の言葉のように、手放し、施して、裸になっていく。それが伝統的な「老いる」ことの意味でした。

本文で中田さんがふれているヒンドゥー教でいう遊行期も、またそういう人生の時期とされていました。

ところが、現実には、老人になってなお何かを手に入れようと執着し、ますます多くの荷物を背負い込むことがよしとされています。それは老いることをかえって苦しいものにし、結果的に経済至上主義をますます煽ることになりかねないのではないでしょうか。

本書がこれから老いていくすべての人にとって、「生きがい」という荷物を下ろすためのヒントになれば、これにまさる喜びはありません。

著者略歴

中田考（なかた・こう）

イスラーム法学者。1960年生まれ。灘中学校、灘高等学校卒業。早稲田大学政治経済学部中退。東京大学文学部卒業。東京大学大学院人文科学研究科修士課程修了。カイロ大学大学院文学部哲学科博士課程修了（Ph.D）。1983年にイスラーム入信、ムスリム名ハサン。『13歳からの世界征服』『みんなちがって、みんなダメ』『イスラーム学』『イスラーム入門』『帝国の復興と啓蒙の未来』『イスラーム法とは何か?』『カリフ制再興 』など著作多数。

田中真知（たなか・まち）

作家、あひる商会CEO、2019年より立教大学講師。1960年生まれ。慶應義塾大学経済学部卒。1990年より1997年までエジプトに在住し、カイロ大学留学中の中田考氏と知り合う。著書に『アフリカ旅物語』（北東部編・中南部編）、『ある夜、ピラミッドで』、『孤独な鳥はやさしくうたう』、『美しいをさがす旅にでよう』、『増補へんな毒 すごい毒』『たまたまザイール、またコンゴ』など。中田考氏の『13歳からの世界征服』『私はなぜイスラーム教徒になったのか』『みんなちがって、みんなダメ』などの構成にも携わる。

矢内東紀（やうち・はるき）

作家、ユーチューバー、実業家、経営コンサルタント、投資家。1990年生まれ。慶応大学経済学部卒業。『しょぼい起業で生きていく』『しょぼ婚のすすめ』『静止力』『ビジネスで勝つネットゲリラ戦術』『「NHKから国民を守る党」の研究』『批評力 フェイクを見抜く最強の武器』など著作多数。

70歳からの世界征服

2020年8月8日　初版発行

著者　中田考、田中真知、矢内東紀

イラスト　コルシカ

デザイン　木庭貴信＋岩元萌（OCTAVE）

発行者　北尾修一

発行所　株式会社 百万年書房
〒150-0002 東京都渋谷区渋谷3-26-17-301
tel: 080-3578-3502
http://www.millionyearsbookstore.com

印刷・製本　中央精版印刷株式会社

ISBN978-4-910053-15-8

『しょぼい喫茶店の本』

池田達也:著　本体1,400円+税

就職できなくても生きる!! 東京・新井薬師に
実在する「しょぼい喫茶店」(という名前の喫茶店)
が出来るまで、と出来てからのエモすぎる実話。

『日本国民のための愛国の教科書』

将基面貴巳:著　本体1,680円+税

2刷!

日本人なら日本を愛するのは当然!?(そんなわけはない)
中学生からお年寄りまで、すべての〈日本人〉に送る、
愛国心をめぐる7つのレッスン。

『なるべく働きたくない人のためのお金の話』

大原扁理:著　本体1,400円+税

3刷!

無理は良くない。弱い私たちの、生存戦略。
お金と人生について、ゼロから考えた記録。
将来に不安を感じる人へ向けた、
もっと楽に生きるための考え方が詰まっています。

『愛情観察』

相澤義和:撮影　本体1,850円+税

4刷!

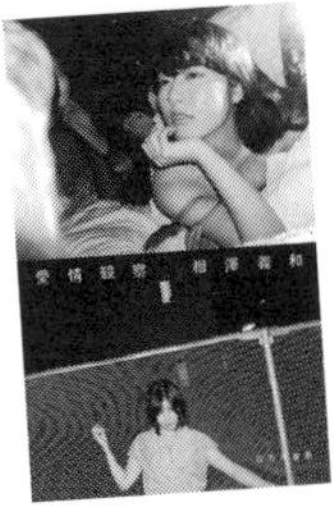

愛は、生々しい。Instagramフォロワー10万人以上、
アカウント凍結6回。現在はweb上で閲覧不可能な
作品群の中から人気の高い作品を厳選した
ベリー・ベスト・オブ・相澤義和。

『何処に行っても犬に吠えられる〈ゼロ〉』

百万年書房:編　本体1,000円+税

初期『Quick Japan』誌で人気だった
街ネタ記事をリミックス。
「異世界を何度も行き来するような面白さだった」
(こだま・『夫のちんぽが入らない』著者)

『ブッダボウルの本』

前田まり子:著　本体1,480円+税

2刷!

世界的に流行中の菜食丼・ブッダボウル、日本初のレシピ本。
ヘルシーなのに、目も舌も胃袋も大満足。
＊本書掲載レシピはすべて、自宅キッチンで
簡単に作れるものばかりです。